CW01431408

IL EST OÙ,
LE BONHEUR

François Ruffin

IL EST OÙ, LE BONHEUR

Éditions Les Liens qui Libèrent

AVERTISSEMENT

Ceci n'est qu'une ébauche.

J'avais entamé, durant l'été 2018, un texte sur l'écologie qui devait conduire, plus tard, après plusieurs années de réflexion, de maturation, à un gros et beau livre. Les vacances 2019 approchant, j'allais me remettre à cet ouvrage, paisiblement. Mais une urgence s'est imposée, le mardi 23 juillet, après la visite de Greta Thunberg et de ses amis à l'Assemblée. Et c'est à l'inverse un essai d'intervention que je livre aujourd'hui, rédigé à la hâte, et dont je mesure bien les manques, les insuffisances.

J'ai modifié les prénoms des « Jeunes pour le climat » rencontrés.

ISBN : 979-10-209-0910-7

© Les Liens qui Libèrent, 2020

Pour Laetitia, Sarah, Tim et les autres

« Depuis les tout premiers contacts, les Espagnols n'ont paru animés et poussés que par la soif de l'or. C'est tout ce qu'ils réclament : de l'or, de l'or, de l'or. Au point qu'en certains endroits, les habitants des terres nouvelles disaient : Mais qu'est-ce qu'ils en font de tout cet or ? Ils doivent le manger. Tout est soumis à l'or, tout. »

Bartolomé de Las Casas,
La Controverse de Valladolid.

« Cet optimisme forcené, voisin du désespoir. »

Hannah Arendt,
Nous autres réfugiés.

PREMIÈRE PARTIE

TOUS ENSEMBLE!

1.

« Dans l'Arctique, le permafrost fond soixante-dix ans plus tôt que prévu, et c'est une catastrophe : voilà la dramatique nouvelle du jour ! Hier, dans la ville la plus au nord du monde, à Alert, au Canada, justement, un record de chaleur a été enregistré, avec une température de 24 °C. »

À l'occasion du CETA, fin juillet, je tonnais à la tribune :

« La ville d'Alert porte bien son nom, car ce record devrait nous alerter. On va crever de chaud. On va crever tout court. On fabrique l'enfer sur terre avec les températures de l'enfer.

Je suis sûr que, le soir, nus entre vos draps, dans le silence de vos consciences, vous êtes comme inquiets, angoissés pour vos enfants. Je le suis pour les miens: j'ai envie de chialer quand je songe au monde dévasté qui se dessine, celui qu'on leur laissera. Cette inquiétude, cette angoisse, dans vos rangs, dans tous les rangs, dans notre commune humanité, nous la partageons.

Mais le matin revient, avec le costume, le maquillage, la fonction. Et alors, que nous proposez-vous? Le CETA, le Comprehensive Economic and Trade Agreement, un traité de libre-échange, un de plus, qui comporte quatre-vingt-seize fois le mot "concurrence", mais zéro fois le mot "réchauffement", zéro fois le mot "biodiversité", et où le "grand absent est le climat".»

Ce ton trop brut, trop abrupt, Laetitia le désapprouvait. Ce midi, à l'Assemblée, elle nous sermonnait: «Il est temps de mettre vos différends politiques et sémantiques de côté.»

Cette phrase, je l'ai aussitôt notée dans mon cahier à spirales.

Un spectre nous hante: celui de la débâcle écologique. C'est mon angoisse. C'est mon angoisse, moins pour moi que pour mes enfants, Ambre, 8 ans, Joseph, 10 ans: pour eux, la planète sera-t-elle encore habitable? L'air respirable? L'eau buvable?

Cette angoisse, je la partage avec mes contemporains, avec tous les parents, qui l'affichent ou qui la cachent, qui la taisent ou qui en parlent : dans quel monde vivront, ou survivront, nos enfants ? C'est la toile de fond de nos consciences.

Cette angoisse, avec Greta Thunberg en porte-drapeau, vous, les « Jeunes pour le climat », êtes venus la porter au Parlement, non avec la rage, la révolte qu'on attribue aux adolescents, mais au contraire avec gravité. Avec la gravité de ceux qui vivent une tragédie, et qui le savent, et qui s'y préparent : « Des fois, je me demande si je pourrai mettre au monde des enfants plus tard, ou si ce serait complètement irraisonnable de ma part. Serait-ce vraiment une bonne chose de les élever dans un monde sans biodiversité ? Avec des canicules mortelles régulières ? Des ressources épuisées ? Ou encore des conflits intensifiés ? »

2.

Dans le TGV qui m'amenait, ce mercredi, dans le Doubs, je voyageais avec un autre profil, pas tout à fait « Youth for Climate » : le sénateur socialiste Martial Bourquin, 67 ans au compteur. Mais touillant notre café au wagon-bar, de quoi me fit-il part ? « Chez nous, dans le Jura, les hêtres sont en train de mourir. Ils manquent d'eau, l'air devient trop chaud. Ils crèvent, ils disparaissent, ou alors ils se réfugient en altitude. En Suisse – j'ai lu ça dans *Le Temps* –, ils viennent de se déclarer en "catastrophe forestière". »

Sur la route, ensuite, en voiture, Martial nous les a montrés, sur les collines : « Un tiers des arbres demeurent bruns, ne verdissent plus durant l'été… »

Je ne venais pas en Franche-Comté pour ça. Je venais à Nans-sous-Sainte-Anne pour la source du Lison, pour Charles Beauquier et les sites classés. Mais au casse-croûte, entre charcuterie et fromage, dans la petite salle municipale, les maires ruraux ne m'ont causé que de ça, ou presque : « Quand j'étais jeune, on recevait des amis le soir, qu'est-ce qu'on faisait ? On sortait la canne et on attrapait quatre truites dans la rivière derrière… C'est fini, maintenant. Y a plus rien dedans, quasiment.

– Les étrangers venaient de loin pour pêcher chez nous…

– C'est plein d'algues, désormais. L'eutrophisation. Comment vous voulez que les poissons respirent ?

– C'est à cause du comté. Bon, tant mieux pour la région, ce succès, mais avant on en produisait 20 000 tonnes. On a triplé avec les exportations… Les prairies sont arrosées de glyphosate, ils répandent du lisier…

– Y a la sylviculture, aussi. Avant, ils ne coupaient le bois qu'en hiver. Aujourd'hui, pour des raisons économiques, parce qu'ils investissent dans des grosses machines, c'est toute l'année. Mais le bois se conserve moins bien quand il fait chaud, il est attaqué par des insectes, des maladies, et du coup il faut qu'ils traitent, qu'ils traitent avec de la chimie.

– Des scientifiques ont fait l'expérience, sous nos yeux : une goutte de leur produit, rien qu'une goutte, dans un bocal, et en dix minutes le poisson était mort.

– Y a le réchauffement, aussi, + 2 °C dans les rivières. Parce que c'est pire, c'est plus marqué dans l'eau que sur terre. Et ça, la température, c'est le plus important pour les poissons…

– On est à 300 mètres d'altitude, mais 2 °C en plus, ça nous ramène au niveau de la mer. Donc, les poissons, eux, il faut qu'ils remontent de 300 mètres…

– Là, pour l'eau, on vous parle de la qualité, mais il faudrait parler de la quantité. L'an dernier, jamais je n'avais vu ça, jamais : le Doubs a disparu sur quinze kilomètres ! Jusqu'à Besançon ! Asséché comme un oued…

– Pendant un mois, nos communes ont été ravitaillées par citerne !

– Le préfet était plus qu'inquiet : comment il ferait s'il devait approvisionner des grandes villes, Sochaux, Belfort ? Il se préparait au pire.

– De toute façon, un climatologue de Météo-France nous a fait une conférence : c'est comme si le sud avançait de dix mètres par jour, de quatre kilomètres par an. On a aujourd'hui le climat de Lyon, dans dix ans on aura celui d'Avignon, dans vingt ans celui de la Toscane, et en 2080 celui de la Grèce… »

3.

L'été précédent, à la bibliothèque municipale d'Amiens, j'avais emprunté en CD audio *Soudain dans la forêt profonde*, du romancier israélien Amos Oz. Roulant vers l'Ardèche, nous avions écouté ce conte en famille.

Le résumé en est simple : les animaux ont déserté un village.

«On n'y voyait plus le moindre petit chardonneret, il n'y avait aucun poisson dans le torrent. Voilà des lustres qu'on n'y avait vu des insectes ou des reptiles, pas même des abeilles, des moustiques ou des mites. Un étrange silence y régnait en permanence. Les oies sauvages ne sillonnaient pas le ciel vide.» Avec mes enfants assis à l'arrière, écoutant ce récit, je m'inquiétais : verraient-ils encore des abeilles, des chardonnerets, des oies sauvages ? Et les enfants de mes enfants ?

Cette histoire compte des marginaux, des rebelles.

Ainsi, Emmanuela, l'institutrice, considérée comme une fofolle, fait dessiner aux enfants des lapins, des renards, des poules, et accroche ces feuilles sur les murs de l'école. Elle leur fait aussi imiter le meuglement de la vache, le croassement du corbeau. Il y a aussi Almon, le pêcheur, qui offre des statuettes d'écureuil, de grue, pour que les enfants sachent encore à quoi ressemblent un papillon, un poisson, un poussin.

Mais les autres adultes préfèrent se taire. Ils préfèrent effacer leur crime, l'oublier. Un soir, l'un des enfants, Matti, prend son courage à deux mains et demande à son père : «Pourquoi les animaux ont disparu du village?» Celui-ci hésite avant de répondre, se lève de son tabouret, nerveux, se met à faire les cent pas dans la pièce : «Alors, voilà, Matti. Il s'est passé certaines choses ici, des choses dont il n'y a pas de quoi être fier. Mais nous ne sommes pas tous responsables, pas au même degré, en tout cas. Et puis, qui es-tu pour nous juger? Tu es trop jeune. De quel droit nous blâmerais-tu? Tu ne peux pas condamner des adultes. D'ailleurs, qui t'a parlé des animaux? On a oublié, un point c'est tout! N'y pense plus, personne n'a envie de se rappeler. Maintenant, descends me chercher des pommes de terre à la cave et arrête de parler pour ne rien dire. Écoute, Matti, on va faire comme si nous n'avions jamais eu cette conversation, comme si on n'en avait jamais parlé.»

Mes enfants toujours assis sur la banquette arrière, je me suis demandé si, à notre tour, bientôt, nous devrions fuir cette question. Cette fable, je l'avais citée dans l'hémicycle, face au ministre de l'Agriculture. Et m'interrogeant : serons-nous, nous aussi, submergés par la honte, la culpabilité de n'avoir rien fait?

4.

À la place de ces diatribes, donc, Laetitia m'invitait à la concorde : « Il est temps de mettre vos différends politiques et sémantiques de côté. »

J'avais déjà relevé, ce mardi 23 juillet, de Matthieu Orphelin, le député qui initia cette journée : « La bataille pour le climat, nous la gagnerons tous ensemble ! » De Hugues Renson, vice-président de l'Assemblée : « Cette rencontre est le signe que l'affaire environnementale concerne chacun, et qu'elle est désormais l'affaire de tous… Pointer des fautes ou des responsabilités ne suffit plus. Le temps est désormais à chercher, collectivement, des solutions et des remèdes… Ici, en France, l'écologie doit devenir une priorité absolue… » De Brune Poirson, la ministre : « Moi, je ne crois pas que cela se fasse les uns contre les autres. Aidez-nous à continuer à vous faire entendre, dans la rue mais aussi au-delà, mais en construisant ce nouveau projet de société, qui doit rassembler et non pas faire des ennemis et des adversaires. »

Venant de mes collègues, je suis habitué à ce verbiage, à ces nobles intentions. Mais c'est une jeune militante, là, une activiste pour le climat, qui nous invitait à la concorde : « Il est temps de mettre vos différends politiques et sémantiques de côté. »

Ça m'a frappé.

Cette phrase, prononcée par Laetitia, m'est apparue comme le symptôme d'un moment, un moment de bascule, un moment d'hésitation : quelle écologie voulons-nous ?

Une écologie de consensus, zéro idéologie, ni de droite ni de gauche ? Cet impératif, sauver la planète, nous rassemblerait tous, riches et pauvres, damnés de la Terre et actionnaires, par-delà les frontières, tous unis contre la catastrophe en cours ? Ce nouveau spectre, le réchauffement, imposerait une Sainte-Alliance et mettrait fin à « l'histoire de toute société jusqu'à nos jours », qui n'a été, selon Marx, « que l'histoire des luttes de classes. Hommes libres et esclaves, patriciens et plébéiens, barons et serfs, maîtres de jurandes et compagnons, en un mot, oppresseurs et opprimés, en opposition constante, [qui] ont mené une guerre ininterrompue, tantôt ouverte, tantôt dissimulée » ? Voilà qui ferait taire, aussi, le milliardaire américain Warren Buffett, lui qui estimait : « La guerre des classes existe, c'est un fait, mais c'est la mienne, la classe des riches, qui mène cette guerre, et nous sommes en train de la remporter » ? Une « guerre » qui ne vaudrait pas pour l'environnement ?

Au contraire, me semble-t-il.

Au contraire.

La crise écologique aiguise cette lutte, la renforce. La « guerre » ne porte plus seulement sur *le niveau de vie*, mais sur *la vie elle-même*. Nous sommes engagés, vous, moi, mes enfants, dans un combat, celui des

«Terriens» contre des «forces destructrices», de l'intérêt général contre les multinationales. Nous avons des adversaires, et ils sont organisés, avec des bataillons d'avocats, de lobbies, d'éditorialistes, d'élus, jusqu'au sommet des États, qui tout à la fois mènent la guerre et, chez nous, la dissimulent, qui la déguisaient hier sous des études climato-sceptiques, qui la masquent aujourd'hui sous la «croissance verte», le «développement durable», «nous ne pouvons agir seuls», «il nous faut un cadre européen», «ne pas nuire à la compétitivité», etc.

Ailleurs, cette «guerre» ne se dissimule pas, elle est ouverte. Les «forces destructrices» disposent de la police et de l'armée, de mercenaires qui, pour défendre leurs intérêts, fonciers, miniers, laissent des cadavres derrière eux. J'avais votre âge, environ, quand j'ai dévoré *Mon combat pour la forêt*, de Chico Mendes, son autobiographie, rachetée dans une réderie. «Au début, je pensais que je me battais pour sauver les hévéas, écrivait le syndicaliste brésilien. Puis j'ai pensé que je me battais pour sauver la forêt amazonienne. Maintenant, je sais que je me bats pour l'humanité.» Il l'a payé, à 44 ans, mon âge aujourd'hui, assassiné par les propriétaires terriens, les éleveurs de bétail. Malheureusement, il a de la compagnie au paradis : d'après l'ONG britannique Global Witness, quatre militants écolos sont tués chaque semaine.

Nous n'en sommes pas là, Rémi Fraisse excepté.

Pas encore.

Nous n'en sommes qu'à la guerre dissimulée, camouflée derrière des formules creuses : « il nous faut d'abord expertiser », « c'est l'action de tout le monde qui permettra des résultats », etc. Face à ce langage-marécage, en première ligne à l'Assemblée, je fais de mon mieux. Je me secoue pour arracher ma conscience à cet enlisement, et d'autres peut-être derrière leur écran. Dans l'hémicycle, ou en commission, je tempête, j'argumente, je vibrionne, un peu seul, le ridicule qui perce, découragé souvent face aux tièdes, face aux indifférents, face aux raisonnables.

Et Laetitia m'invitait à quoi ?

À baisser les armes ?

À mettre mes « différends politiques et sémantiques de côté » ?

Comme si je jouais ?

5.

« On n'a pas de consensus sur des sujets techniques, et sur le CETA par exemple, à Youth for Climate, y en a tout un tas qui sont contre, est-ce que c'est la majorité ? On ne sait pas. Moi, je botte un peu en touche, j'utilise le mode un peu diplomatique, et c'est l'intérêt de créer ce dialogue, pour que vous discutiez, ou pas, avec des jeunes qui sont d'accord avec vous, ou pas. »

C'est Ulysse, maintenant, 19 ans, qui nous sert ces justifications. Par une coïncidence, en effet, Greta nous rendait visite le jour du CETA, le jour où les députés allaient voter, ou pas, l'accord de libre-échange entre l'Europe et le Canada.

Ce traité nous était vendu, vanté, comme une main tendue par-dessus l'océan : « Un signe d'amitié entre nos peuples ! » Avec nos cousins québécois, en signe de fraternité, nous ne devions plus échanger des chansons, de la littérature, des idées, de l'amour, des soldats aussi, mais négocier 2 344 pages de réglementations et signer un *trade agreement*. Mais c'est plutôt l'amitié entre Total et ExxonMobil qu'il faudrait célébrer…

Car quelle est l'origine de ce traité, ce péché originel qu'il faut toujours effacer ? Cet accord est né d'un lobbyiste. Je peux le nommer, je l'ai nommé à la tribune : Jason Langrish, avocat d'affaires, qui préside désormais à Toronto la « Table ronde de l'énergie », autrement dit le lobby du pétrole. Derrière lui, il a rassemblé 17 lobbies. Je peux les nommer aussi : les Canadian Manufacturers, la Fédération européenne des industries pharmaceutiques, l'Association canadienne de l'industrie chimique, Business Europe, etc. Et, derrière ces lobbies, Arcelor, Monsanto, Alcan, Lafarge, Rio Tinto – les pires firmes.

Les clients de M. Jason Langrish, les pétroliers, peuvent d'ores et déjà se frotter les mains. Depuis l'automne 2017, c'est-à-dire depuis que le CETA est « expérimenté » – deux ans à peine –, les exportations de pétrole canadien vers l'Europe ont bondi : + 63 % ! Du pétrole issu, pour beaucoup, des sables bitumineux qui ravagent l'Alberta, mais qu'importe. Et qu'importe, également, que ce pétrole émette moitié plus de gaz à effet de serre que le conventionnel.

Le « grand absent de ce traité est le climat ». C'est pas moi qui le dis, mais le rapport Schubert, commandé par le Premier ministre lui-même. Des experts qui tranchent franchement : oui, l'Europe pourra bien importer de la viande bovine nourrie aux farines animales, dopée aux antibiotiques, avec 46 molécules en prime, l'acéphate, l'amitraze, l'atrazine, 46 molécules qui détruisent les rivières ou refilent le cancer, 46 molécules interdites en France, interdites à nos agriculteurs, et que nous allons pourtant importer dans nos assiettes. Contre tout ça, le rapport l'affirme clairement, « rien n'est prévu ». Les mêmes experts redoutent, je les cite, « une harmonisation par le bas ». Et ils concluent : « Le CETA ne donne pas la priorité à la protection de l'environnement ou à la santé. »

Contre cet accord, Nicolas Hulot lui-même est monté au créneau : « La mondialisation, les traités de libre-échange sont la cause de toute la crise que nous vivons. Si on ne s'attaque pas à cela, ça ne sert à rien.

Ce n'est pas en installant trois éoliennes que l'on va y arriver. Mais, avant que nos élites l'intègrent, je pense qu'on sera tous calcinés. »

Dehors, place du Palais-Bourbon, ou aux Invalides, les protestations se suivaient sans se ressembler : Coordination rurale, Attac, Fédération nationale bovine, Greenpeace, des Gilets jaunes, la CGT…

Dedans, nous protestions également :

M. Roland Lescure, *président de la commission des affaires économiques.* Pour ma part, mes chers collègues, je préférerais que nous soyons tous derrière la filière bovine…

M. Jean-Paul Dufrègne. La filière bovine, vous l'abandonnez !

M. Roland Lescure. … pour qu'elle conquière les marchés dans lesquels la consommation de viande va augmenter. (Applaudissements sur les bancs des groupes LaREM et MODEM. – Exclamations sur les bancs des groupes LR, GDR et FI.)

M. François Ruffin. Non !

M. Roland Lescure. Le Président a ouvert le marché chinois. Il faut désormais que nous nous organisions tous ensemble pour que la viande bovine française arrive dans les assiettes des Chinois. (Exclamations renouvelées.)

Car quelles joyeuses perspectives le gouvernement nous offrait ? Importer de la viande bovine du

Canada pour mieux exporter de la viande bovine en Chine. Les mêmes qui, durant la loi Alimentation, nous parlaient de « relocalisation » et de « circuits courts »…

Vous débarquez donc à l'Assemblée, vous, Jeunesse pour le climat, en cette journée particulière. Vous avez une chance d'ébranler, d'interpeller, et que nous dites-vous ? Que vous n'avez rien à dire. Que c'est un sujet technique. Qu'il y a des pour et qu'il y a des contre. Que vous préférez botter en touche…
Oui, j'en fus troublé.

Un tweet de @Youth4Climatefr tombera ensuite, rectifiant le tir : « #EcoutezLaJeunesse elle ne veut pas du #CETA ! » Mais comme après la bataille. Remportée, elle, par Jason Langrish et ses amis : 266 « pour », 213 « contre ».

6.

Certes, il y a le décorum.
Pénétrer pour la première fois au Palais-Bourbon, avec les fresques au plafond, les lustres qui brillent, les peintures aux murs, les vases colorés, les huissiers partout, c'est comme une histoire qui vous écrase, qui vous châtre l'audace.
Je comprends.

Vous êtes invités par Matthieu Orphelin, qui, bon, sans vous faire la leçon, vous êtes libres bien sûr, mais le CETA est un sujet sensible, vous voyez, ça risquerait de brouiller votre message, de se révéler contre-productif, et il a l'air gentil, Matthieu, il l'est, il a pris cette initiative, vous ne voudriez pas lui créer des soucis.

Je comprends.

Le président de l'Assemblée, Richard Ferrand, vous a offert une collation dans les verdoyants jardins de son hôtel de Lassay, une citronnade posée sur la table, et, en croisant les jambes, deux doigts sous le menton, très courtoisement, très sérieusement, vous avez échangé vos vues sur le sort de la planète.

Je comprends.

Salle Victor Hugo, à la tribune, s'est poursuivi le doux ronron des conventions. On se remercie les uns les autres, on s'applaudit, on se félicite, on loue «la jeunesse qui s'est levée à travers la planète», et il faut le syndrome Asperger de Greta Thunberg, une chance, un don, pour y demeurer froid, insensible.

Je comprends.

Bref, ils ont attendri la viande, votre révolte s'est ramollie à ces sourires, à ces câlineries.

Je comprends.

Je comprends d'autant mieux que, moi aussi, chaque fois que je m'en vais tonitruer, taper du poing sur le pupitre, dénoncer leurs choix, «l'argent contre les gens», à ces ministres, juste en face de moi, à ces collègues députés, c'est une violence que je me fais. Il me faut arracher une partie de moi. M'arracher à vingt années de bonne éducation, dire bonjour, merci, être poli. M'arracher à une scolarité faite d'obéissance, presque de soumission. M'arracher à ma gentillesse, ma discrétion au fond. Contre leur ordre, on ne sème pas le trouble sans un trouble en soi.

Cette pudeur, m'avez-vous confié, vous l'avez muée en tactique : « On aurait pris la parole en disant : "On est contre le CETA", on aurait braqué la moitié de la salle. Ce n'est pas la stratégie qu'on a choisie. » Je me suis rendu à votre pot, ce soir, au bistro Le Solférino, et vous m'avez décrit votre conduite ainsi : « On a opté pour ne pas assumer pleinement notre discours. On s'est dit, avec du policé, de l'aseptisé, ça va permettre de mieux rebondir. Comment on fait pour accompagner les gens ? Sinon, moi, je leur parlerais de décroissance, d'effondrement… » Et ce n'est pas moi qui vous reprocherai ce souci, ne pas se couper des masses, ne pas agir en avant-garde éclairée, en détenteurs de la Vérité.

Les deux se mêlent, sans doute, dans votre silence sur le CETA : la timidité et les calculs.

Mais il y a autre chose encore, je crois.

Autre chose, au-delà de vous.

Car vos aînés sont touchés également.

« Je ne me considérerai jamais comme un opposant. Par principe, les écologistes veulent construire et apporter des solutions. » C'est Yannick Jadot qui

vient, à l'instant, de faire cette déclaration positive.
Et François de Rugy.

Et Barbara Pompili.

Et Pascal Durand.

Et Pascal Canfin.

Et Nicolas Hulot, bien sûr, je le revois au One Planet
Summit, un grand raout à Boulogne-Billancourt,
avec les PDG d'Alstom, d'Engie, de HSBC, de Plastic
Omnium, avec les *private equity* et les fonds de pension anglo-saxons, tout fiers d'annoncer : « Nous
consacrons d'ores et déjà 2 % de nos investissements
au *green business* », avec l'animatrice de Bloomberg
TV qui nous évangélisait : « *Finance is not the enemy,
finance is the key!* », et Nicolas Hulot pris dans cette
tourmente, souriant largement, mains serrées, accolades, presque à se sauter dans les bras, youkaïdi,
youkaïda. J'étais mal pour lui, que je tiens pour
sincère.

Tous ces hommes, cette femme, venus des Verts,
passés au macronisme, je ne les mets évidemment
pas dans le même panier. Il y a une part d'opportunisme, bien sûr, dans cette porosité. De la tactique
politique. L'attrait des postes, de la lumière, il faut
bien exister.

Mais il y a autre chose, je crois.

Autre chose, au-delà de la carrière.

Autre chose, au-delà d'eux, au-delà de vous :
l'écologie invite au consensus.

7.

De quoi parle-t-on ?

D'un thème éternel, la Nature, qui a traversé plus que les siècles, plus que les millénaires. Que chantait déjà Virgile, et avant lui Hésiode, et avant eux encore les poètes anonymes de la Genèse. «Dieu dit : "Que la terre produise de la verdure, de l'herbe à graine, des arbres fruitiers qui donnent du fruit selon leur espèce et qui contiennent leur semence sur la terre !" Et cela se passa ainsi. Dieu dit : "Que l'eau pullule d'animaux vivants et que des oiseaux volent dans le ciel au-dessus de la terre !" Dieu vit que c'était bon. Dieu dit : "Que la terre produise des animaux vivants selon leur espèce : du bétail, des reptiles et des animaux terrestres, selon leur espèce." Et cela se passa ainsi. »

La Nature, contre la Culture.

La Nature, sans l'Homme et ses querelles.

La Nature neutre, la Nature pure.

La Nature, qui abolit les partis.

La Nature, qui *a priori* nous réunit, Terriens, dans notre nudité.

Dans la catastrophe elle-même, quel réflexe nous vient ? Si les oiseaux disparaissent, se dit-on d'instinct, c'est pour tous que leur chant s'éteindra. Si la banquise fond, c'est partout que le niveau des mers montera. Si la forêt amazonienne est éventrée, c'est toute l'humanité qui en sera touchée. Si le permafrost de l'Arctique relâche son CO_2, c'est la température du globe tout entier qui s'élèvera. Et moi-même, ce livre, je l'ai ouvert par ce «tous» universel, «tous les parents», «nous tous», traversés par une «même angoisse». Sans distinction, tout cela, ni de genre, ni de couleur, ni de classe.

Le bon sens nous dicte ça : nous sommes tous sur la même planète. Tous sur le même bateau. Tous dans la même galère. Aussi, pour nous sauver, devrions-nous tous ramer dans la même direction.

Mais, parfois, le bon sens nous égare.

L'instinct nous trompe.

Le réflexe est mauvais.

Et sur nos *a priori* il nous faut revenir, les contredire, les déchiqueter.

DEUXIÈME PARTIE

LES MAÎTRES DU TITANIC

8.

Je me suis rendu, il y a une paire d'années, au Monaco Yacht Show, sur le Rocher. C'est un peu comme le salon du sous-vêtement, porte de Versailles, sauf qu'à la place des petites culottes, le «big yacht» vous coûtera environ un million d'euros du mètre.

Année après année, ils ont inventé des superlatifs : après les yachts sont venus les «super-yachts», puis les «méga-yachts», et maintenant les «véga-yachts». Comme ils disent, c'est *«limitless»*. Sans limite. C'est ainsi qu'un milliardaire américain, Leslie Wexner, a baptisé son engin dans les années 1990. Sur les ponts des navires, on peut remarquer des *«toys»*, ils appellent ça. Des «joujoux»: un sous-marin, un hélico, un hydravion…

Les millionnaires, les vrais, ne viennent pas ici. Ils envoient leurs larbins, rebaptisés «agents». Charlie, «agent» en Turquie, m'a raconté son métier: un de ses clients a envie de framboises, par exemple, pour le petit déjeuner. Ça lui prend comme ça, en plein Bosphore. Aussitôt, c'est le branle-bas de combat. En général, le client a un jet privé. Charlie contacte le pilote, qui fait venir des barquettes de Hollande ou de France. À son tour, Charlie va les chercher à moto à l'aéroport d'Ankara, ou avec l'hélicoptère. Pour apporter ces framboises à bord, il se crée, comme il dit, une «chaîne de solidarité». Et cette solidarité m'émeut.

Ces yachts consomment, au minimum, six cents litres de gasoil par heure, et souvent plus de mille. Néanmoins, sur tous les stands, comment sont-ils vantés? Quel adjectif revient? *«Ecological Yachting Lifestyle»*. «Un mode de vie écologique». Et toutes les pubs sont à l'avenant: *«Green Attitude»*, *«Respect the Environment»*… Dans le dossier de presse, *«environment»* revient à toutes les pages, une vraie obsession. À tel point qu'un milliardaire s'est fait construire une forêt à bord! Philippe Starck, l'architecte star qui vient de designer le *A*, un véga-yacht de 140 mètres, avec deux pistes d'hélicoptère, avec discothèque, avec piscine, avec toit transparent, célèbre les «yachts en harmonie avec la nature» et les «jets écologiques».

D'ailleurs, chaque année, lors du Monaco Yacht Show, un prix est remis: la Green Star. J'ai interrogé l'architecte qui dirige le jury:

PAOLO MERETTI : Nous avons créé ces règles très strictes pour garantir que les yachts soient conçus, construits et aussi utilisés d'une façon complètement amicale pour l'environnement…

F.R. : Et donc, voilà le yacht qui vient de recevoir la Green Star ?

PAOLO MERETTI : Oui, le *Sea Force One.*

F.R. : Quand on dit «navire écologique», on pense à un petit bateau à voile, en bois… Là, c'est une masse énorme, noire, qui nous écrase, avec trois ponts en hauteur, et combien de long ?

PAOLO MERETTI : 54 mètres. Au début, c'est un peu étrange de considérer cet immense bateau comme «amical avec l'environnement». Mais si on regarde les choses de plus près, on verra qu'il est écologique du bas jusqu'en haut.

F.R. : Ah oui ?

PAOLO MERETTI : D'abord, durant la création, les plans ne sont plus faits sur papier, mais sur ordinateur. À l'intérieur, l'éclairage se fait par diodes, avec une plus faible consommation. Et surtout, au niveau des toilettes, de tout, il y a zéro rejet en mer…

F.R. : Et pour la consommation de fioul, c'est combien ?

PAOLO MERETTI : Ça ne nous concerne pas directement.

F.R. : Ah bon ? Mais vous ne trouvez pas ça hypocrite, un peu, d'attribuer un «label vert» quand ça bouffe autant de pétrole ?

PAOLO MERETTI : Non, c'est une manière d'éveiller les consciences. Les propriétaires souhaitent vraiment être au top de l'écologie, ce sont des adeptes du développement durable…

Nous ne sommes pas tous sur le même bateau.
Voici les leurs.
Quand dans la même Méditerranée flottent, ou coulent, d'autres embarcations d'infortune.

9.

Vous connaissez cette statistique, à coup sûr :
Si tous les hommes vivaient comme un Américain, il faudrait cinq planètes.
Comme un Français, trois.
Les Indiens, heureusement, font baisser la moyenne : 0,6.
Mais à l'intérieur de notre propre pays aussi l'inégalité règne : les 10 % les plus riches émettent huit fois plus de gaz à effet de serre, *huit fois plus*, que les 10 % les plus pauvres.

Voilà qui confirme cette règle étrange, à l'échelle nationale comme internationale : ceux qui en parlent le plus en font le moins. « Consommation durable : l'engagement de façade des classes supérieures », titre ainsi une étude du Credoc parue ce printemps.

«L'utilisation accrue d'équipements numériques et le tourisme plus développé, notamment en avion et en voiture, des catégories à fort capital culturel et fort capital économique expliquent l'écart entre la pratique et les intentions…» Et les «petits gestes», «acheter des produits issus de l'agriculture biologique», «limiter leur consommation de viande», «souscrire à un contrat d'électricité garantissant une part d'électricité verte», n'ont qu'un modeste impact sur l'«empreinte écologique». À cause, notamment, des «pratiques de mobilité». «Ce qui, concluent les chercheurs, montre les limites de la conscience et de l'action individuelles.»

C'est dire combien, si l'impératif écologique était pris au sérieux, l'effort ne pèserait pas, ne devrait pas peser, pareil sur toutes les épaules. Il faudrait à mon quotidien, j'en conviens, quelques aménagements (côté malbouffe, notamment…). Mais la classe supérieure devrait renoncer à sa mobilité. Et l'hyperclasse à son mode de vie tout entier, à ses jets, à ses yachts, à ses villas, à sa folie des grandeurs. Cette «austérité» qu'ils prônent volontiers pour nos hôpitaux, pour nos crèches, pour nos retraites, elle s'appliquerait à eux en premier lieu, avec de sévères coupes dans leur budget carbone.

Croyez-vous qu'ils soient prêts, d'eux-mêmes, à s'imposer ces «limites»?

10.

J'ai déposé – et j'ai découvert que vous l'aviez sou-
tenue, merci, que vous aviez lancé une pétition là-
dessus –, j'ai déposé une proposition de loi «visant
à remplacer les vols intérieurs par le train». Soyons
précis : lorsque le rail «permet un temps de trajet
équivalent à l'avion plus 2 heures 30». Mon ambition
était pour le moins modérée, le dispositif mesuré.
Comment ont-ils réagi, néanmoins ? «Écologie punitive», «des solutions démagogiques et caricaturales»,
voire des «khmers verts» qui «veulent tout interdire». Qu'on les limite, eux, les «*limitless*», qu'on leur
impose des contraintes, comment le tolérer ? C'est
l'Inquisition qu'on réinvente !

Ils n'ont pas tort, au fond : j'avance avec prudence,
mais c'est l'avion tout entier que je vise. Leur sym-
bole, à cette hyperclasse «le temps, c'est de l'argent»,
qui saute d'un continent au suivant. Qui prend les
airs comme nous le métro. Et je vise, en effet, à les
ramener sur le sol commun, à l'humilité, à l'humus, à
la terre, hommes parmi les hommes.

C'est un copain du foot, un gendarme, qui me l'a
appris : le jour des Whirlpool, à Amiens, l'hélicoptère du président s'est posé dans sa caserne. Lui n'a
donc pas pris le train à la gare du Nord, comme des
éboueurs, des enseignants, des informaticiens ou
moi le faisons chaque jour, dans ces wagons souvent
bondés, sur une des «pires lignes de France», d'après

la SNCF elle-même, avec des retards à Creil, des loco-
motives en panne, des caténaires sectionnés, des
accidents de personne. Ce voyage-là, il ne l'aura pas
vécu en égal : comment saisira-t-il notre ordinaire ?
Pour se rendre à Bruxelles, c'est le Falcon qui est de
sortie. Et même pour aller de La Roche-sur-Yon à
Rochefort, 107 kilomètres d'après Mappy, pour visiter la maison de l'écrivain Pierre Loti, il recourt à son
jet présidentiel.

Je lis ça dans *Le Canard* du jour : « Pour aller assister à la 19ᵉ étape du Tour de France, entre Saint-
Jean-de-Maurienne et Tignes », la maire de Paris est
d'abord montée dans un Falcon. Puis, « une fois arrivée à l'aéroport de Chambéry, avec d'autres invités,
elle a pris un hélicoptère pour rejoindre le parcours
de la Grande Boucle, distant de 82 kilomères (par la
route). Quelques heures plus tard, l'élue emprun-
tait les mêmes appareils verts pour rentrer dans la
capitale… »

Et le Google Camp qui se déroule, cette année,
en Sicile, ce lieu « où des personnalités influentes
se réunissent pour discuter de l'amélioration du
monde », avec pour thème le réchauffement climatique. Comment les convives, l'ancien président
Barack Obama, le prince Harry, mais aussi Leonardo
DiCaprio, Bradley Cooper, Tom Cruise, Mark
Zuckerberg, comment se sont-ils rendus en Italie ?
Via « 114 jets privés », complétés par une armada de
yachts et d'hélicoptères.

On peut plaider, pour tous, l'agenda chargé, les responsabilités, la sécurité. Mais dans ces mœurs aériennes, dans cette habitude céleste, je devine autre chose, un inconscient de l'époque : demi-dieux, ils planent au-dessus des mortels, forment une espèce à part. Les lois, et même les lois naturelles, et même la loi de la gravitation, ne s'appliquent plus à eux.

11.

« La dernière mode à la City, c'est la Norvège. » Une amie est revenue de Londres, son mari financier : « Les traders achètent des maisons en Scandinavie, à cause du réchauffement : c'est là-bas que le climat sera le plus clément, il paraît. » Cap au nord ! Dans la Silicon Valley, on opte pour l'inverse : cap au sud ! Ils sont des centaines de champions des *new tech*, de « futurologues » branchés, à chercher refuge en Nouvelle-Zélande, à racheter des terres là-bas, des propriétés entières, des fermes avec piste d'atterrissage. « Il n'y a pas de meilleur endroit pour se mettre à l'abri de l'apocalypse. » Le naufrage planétaire, eux comptent bien y échapper. Quitte, pourquoi pas, à migrer vers Mars, comme l'imaginent les milliardaires Jeff Bezos (Amazon), Richard Branson (Virgin), Elon Musk (SpaceX).

Et ça vaut autant pour les riches du Sud. À Lagos, au Nigeria, face à la montée des eaux, face à la pollution, que font d'ores et déjà les magnats ? Ils bâtissent au large une île artificielle, « Eko Atlantic », un « Dubaï de l'Afrique », qui hébergera les buildings des firmes et les appartements de standing. De même à Djakarta : la capitale indonésienne va déménager à Bornéo, avec ses fonctionnaires, son chef de l'État, ses décideurs. Tandis que les pauvres, eux, resteront dans une ville qui chaque année s'enfonce, dont l'engloutissement est programmé pour 2050.

Voilà qui achève la sécession des élites.

Ce fut une sécession de leur revenu, d'abord : « Les 26 personnes les plus riches détiennent autant d'argent que la moitié la plus pauvre de l'humanité, selon Oxfam. Leur fortune a augmenté de 2,5 milliards par jour. » Et, dans notre pays, « le constat saute aux yeux : le patrimoine des ultra-riches, en France, a considérablement progressé depuis deux décennies ». C'est le « news de l'économie », *Challenges*, qui « constate » : « La valeur des 500 fortunes, passée de 80 à 570 milliards, a été multipliée par sept ! Des chiffres qui témoignent du formidable essor des entreprises au bénéfice de leurs actionnaires. Cette prospérité de l'élite des fortunes contraste avec le sort du reste de la population : le patrimoine médian des Français, lui, a stagné depuis 1996. Les "500", qui ne comptaient que pour l'équivalent de 6 % du PIB en 1996, pèsent aujourd'hui 25 % ! » Ces

25 %, c'était dans l'édition 2017. C'est 30 % dans celle de 2018…

Une sécession fiscale, ensuite : les plus grandes fortunes, toutes les firmes, optimisent comme elles respirent, elles panamisent, elles maltisent, elles défiscalisent comme Monsieur Jourdain faisait de la prose, presque sans le savoir, tant c'est une pratique commune au milieu. Et les champions de l'évasion, les Google, Apple, Facebook, Amazon, Uber, IBM, sont invités à l'Élysée, avec tous les honneurs de la République. Pour eux, la France se fait « paradis fiscal », s'enthousiasme Xavier Niel. Doit-on y voir un paradoxe : gagner des millions, des milliards, et en plus échapper à l'impôt ? Au contraire, ça va de pair : ce sont les deux facettes d'une même rupture. Ces « premiers de cordée » ne partagent plus le sort commun. Dans leur fulgurante ascension, ils ont coupé la corde : ils ne tirent plus rien, ils se sont tirés…

Une sécession qui s'était faite physique, déjà, géographique, avec des « ghettos du gotha », avec des places fortes barricadées, verrouillées, digicodées, vigilées, sécurisées. Pour mon chouchou, Bernard Arnault, c'est un château à Clairefontaine, une super-villa à Saint-Tropez, un hôtel de luxe à Courchevel, un hôtel particulier à Paris, un immeuble à New York, une île privée dans le Pacifique (où il passe ses réveillons) – éloigné, toujours, des lieux où se fait sa richesse, de ses sous-traitants en cascade, en Pologne, en Roumanie, en Inde, à Madagascar, ces travailleurs qu'il ne voit plus et qui ne le voient plus.

Leur sécession écologique, désormais, la complète.

12.

«Bon débarras! j'entends parfois. Ils nous quittent? Tant mieux! Nous ferons sans eux!»

Sauf qu'ils nous dirigent.

Oui, c'est un paradoxe: ils se séparent du corps social, et pourtant ils le guident. Mais est-ce nouveau? Le roi s'était arraché à Paris, et il régnait depuis Versailles. Les seigneurs s'étaient arrachés au village, et ils régnaient depuis leurs châteaux.

Ce sont nos nouveaux seigneurs, ils se sont arrachés au village-monde, et cependant ils règnent, depuis leurs sièges sociaux, depuis leurs forteresses de verre et d'acier. Ils règnent sur les banques, la chimie, les médicaments, les médias, le lait, le cacao, le coton, les cantines, ils règnent sur l'électroménager, les voitures, les autoroutes, l'ameublement, les supermarchés, la téléphonie, ils règnent sur les shampoings, les jupes, les tee-shirts, les baskets, ils règnent sur les mines d'or, d'argent, de cobalt, de nickel, de diamant, ils règnent sur tout ou presque, sous terre, sur terre, dans les airs, sur mer. Et l'on peut bien prôner

les Amap et leurs paniers bio, ou l'Internet coopéra-
tif, ou les friperies, ce n'est qu'une parcelle de nos vies
qu'on enlève de leurs mains, un millimètre carré de la
société qu'on ôte à leur domination, et mille de nos
gestes, dès qu'on ouvre le frigo, dès qu'on allume la
radio, nous relient chaque jour à eux.

Ils nous dirigent comme un berger son troupeau.
C'est-à-dire non pas comme un oppresseur, de
l'extérieur, avec brutalité ou menaces : cette auto-
rité-là, trop visible, ne tient qu'un temps. Non, ils
nous dirigent avec notre complicité, notre docilité,
notre servitude volontaire. Ils nous dirigent de
l'intérieur.

13.

Connaissez-vous DuPont de Nemours ? C'est une
firme américaine, un géant de la chimie, et je m'en
vais dresser son palmarès. Dans les années 1920,
cette compagnie a lancé l'essence au plomb. Que
le plomb soit toxique, le fait est connu, documenté,
depuis l'Antiquité, avec des cas de saturnisme, des
encéphalopathies, des atteintes rénales, sanguines,
osseuses, des troubles cognitifs. D'ailleurs, Pierre
du Pont, le patron, en est conscient dès l'origine : il
écrit lui-même à son frère, dans une lettre confiden-
tielle, que le plomb tétraéthyle est « un liquide très
toxique s'il entre en contact avec la peau, donnant

lieu à un empoisonnement par le plomb presque immédiatement».

Dans le mois qui suit, presque comme prévu, un ouvrier meurt empoisonné. En 1924, on compte cinq décès et trente-cinq intoxications : la presse lance l'alerte. Le comité médical de General Motors se réunit et tire des conclusions alarmantes… dans un rapport qui reste secret. Pour mieux intoxiquer les corps, DuPont de Nemours va alors intoxiquer les esprits. L'entreprise monte un lobby, l'Association des industries du plomb. Elle recrute un pseudo-toxicologue, Robert A. Kehoe, à qui elle fournit un laboratoire et 150 000 dollars. Elle le paie pendant cinquante ans, et c'est lui qui va devenir, pendant ces cinq décennies, la référence en matière de plomb.

Des voix discordantes se font entendre ? DuPont de Nemours les fait taire. En 1965, le chercheur Clair Patterson affirme que le taux de plomb a été multiplié par cent dans les corps et par mille dans l'environnement. Le lobby tente de l'acheter, mais il échoue. Après la carotte vient le bâton. Il fait rompre le contrat qui lie Patterson au ministère de la santé américain et, à force de pression, son université le renvoie. La même chose advient au docteur Herbert Needleman, un pédiatre de l'université de Pittsburgh. Il démontre, lui, que même une faible intoxication au plomb entraîne un déficit mental. L'industrie le traîne dans la boue, son université lui interdit l'accès à ses propres documents !

C'est par ces tromperies, par ces mensonges, par cette propagande que, durant trois quarts de siècle, on a répandu un poison dans nos corps et dans l'air. C'est une attitude criminelle, et on peut même parler d'un crime de masse.

Ils vont récidiver : après guerre, l'entreprise commercialise le téflon, et des ouvriers meurent aussitôt dans les usines. Dès les années 1950, des revues médicales insistent sur la fièvre de ces travailleurs, sur leur tremblote, sur les cancers de la thyroïde qui se multiplient, sur ce produit qui pourrit tout, l'eau, l'air, la terre. Un massacre sanitaire, un carnage environnemental, étouffé jusqu'aux années 2000...

Les autres valent-ils mieux ? On connaît, avec le glyphosate, les méthodes Bayer-Monsanto : mensonges, corruption, intimidation. Pour la Dépakine, on sait que, dès 1986, Sanofi savait, savait que son médicament provoquait des cas d'autisme, et qu'avec la complicité des autorités ils l'ont caché durant vingt ans, jusqu'en 2006. Mais l'atrazine, par exemple, l'atrazine encore autorisée au Canada, l'atrazine qui pollue encore nos sols...

La firme suisse Syngenta, qui commercialise la substance, a commandé un rapport à un biologiste de Berkeley, Tyrone Hayes. Lui l'a alors montré : exposées à ce produit, les grenouilles mâles se mettent à produire des œufs. Elles n'ont plus de spermatozoïdes. Elles souffrent d'un défaut de descente des testicules, d'un non-développement du pénis. Le chercheur a alors remis cette étude, catastrophique. Comment a réagi Syngenta? En retirant la molécule de la vente? Non, l'entreprise a refusé de publier cette recherche, en a manipulé les données. Elle a ensuite tenté de corrompre Tyrone Hayes, a enquêté sur sa femme, acheté son nom sur Internet. Comme cela ne suffisait pas, elle a dépensé des millions pour le calomnier, le mettre au chômage.

Parfois, pour notre bonheur, ces firmes se rassemblent, font front commun contre les citoyens. Aux États-Unis, Hawaï est un lieu de tests pour l'agrochimie, DuPont, Dow Chemical, Monsanto, Syngenta. Des enfants, là-bas, naissent avec l'intestin en dehors du ventre, avec un bec-de-lièvre ou des oreilles mal formées, les fausses couches y sont nombreuses. Qu'ont fait les citoyens d'Hawaï? Raisonnables, ils n'ont même pas réclamé l'arrêt immédiat des essais. Ils ont voulu connaître, simplement, le nom des pesticides, les quantités utilisées, et ils ont demandé la création de zones tampons. Eux ont obtenu l'organisation d'un référendum. Pendant la campagne, les lobbies ont dépensé 8 millions de dollars, les habitants 82 000 euros seulement, c'est-à-dire cent fois moins. Malgré cela, les citoyens sont sortis largement vainqueurs du scrutin. Qu'ont fait les *Big Six* de la chimie? Ces compagnies ont porté plainte, toutes ensemble, contre le comté de Kauai, où se déroulaient ces tests, et elles l'ont emporté. Leur avocate a alors posé cette question : « Est-ce que les citoyens ont le droit de réglementer notre secteur ? Nous pensons que non. »

Pourquoi je dresse cette liste de forfaits ? Parce que c'est à eux, durant mon mandat, que l'Assemblée a accordé le « secret des affaires ». Ces firmes luttent avec des procédures, avec des publicités, avec des études bidon, avec leur pognon, elles luttent tous les jours, discrètement, mais avec acharnement, elles luttent pour continuer tranquillement leur empoisonnement, elles luttent pour étouffer la voix des gens, elles luttent pour se tenir à l'abri de la démocratie, elles luttent parce qu'elles ne connaissent qu'une loi, qu'un mot d'ordre, le profit, et qu'avons-nous fait, nous, élus du Peuple ? Nous leur avons apporté une nouvelle arme : le secret des affaires.

14.

C'est à Bruxelles que s'est nouée l'intrigue.

DuPont de Nemours a démarché, directement, la Commission européenne. Avec son lobby également, le CEFIC, le Conseil européen de l'industrie chimique, qui, outre DuPont, réunit Bayer, BASF, Sanofi, ExxonMobil, Solvay, etc. Eux ont recruté un certain Joseph Huggard, qui est lui-même passé par Exxon, GlaxoSmithKline, et qui s'est vanté, au moment de son embauche, « d'avoir plus de trente années d'expérience avec les substances les plus controversées ». Ensemble, avec leurs amis d'Air Liquide, Alstom, Michelin, Safran, General Electric, Intel, Nestlé, etc., ils fondent, en 2010, un *nouveau* lobby spécialement dédié au « secret des affaires », la TSIC, Trade Secrets and Innovation Coalition.

Qu'entendent-ils par « secret des affaires » ? Tout, à peu près tout. « Il n'existe pas de limitation générale sur les sujets concernés. » Il ne s'agit pas, pas seulement, des savoir-faire, de la recherche, de l'innovation, des connaissances technologiques, déjà protégés partout. Non, la définition s'étend à « tous les documents des entreprises », les données fiscales, sociales, environnementales. Les essais cliniques, les données toxicologiques, le nom des additifs, les émissions de substances chimiques, les rejets de fumée : il faut que tout cela soit couvert par le « secret des affaires ». Et de même pour les comptes à Jersey, à Malte, au Luxembourg : « secret des affaires ».

Aussitôt créée, donc, la TSIC adresse une demande d'« harmonisation » à la Commission. Comment l'Europe accueille-t-elle ce souhait ? Avec enthousiasme ! Michel Barnier, commissaire européen au Marché intérieur, lance une étude sur le sujet et leur répond : « Mon espoir est de pouvoir démontrer que toutes les

entreprises fondées sur l'économie de la connaissance, et en particulier les PME, reposent sur le secret
des affaires.» Voilà une recherche bien orientée! Mon
espoir, «*my hope*»! Le commissaire européen pour-
suit: «J'espère sincèrement que votre organisation
va continuer de nous assister pour parvenir à cet
objectif» – on voit mal pourquoi un lobby, né dans
cet objectif, cesserait de les «assister» –, «et je suis
ravi d'entendre de la part de mes services l'excel-
lente coopération jusqu'à ce jour». C'est plus qu'une
proximité qui est signée ici: c'est une complicité.

Pour les tables rondes, pour les conférences
de presse, pour l'enquête publique, lobbies et
Commission vont cheminer main dans la main,
copain-copain. Et en novembre 2013, c'est bon: la
directive est publiée, le secret des affaires harmonisé!
Cela fait trente ans qu'on nous parle, à nous, de l'harmonisation fiscale et sociale, et, au bout de trente
ans, Anne, ma sœur Anne, nous ne voyons toujours
rien venir. Mais pour eux, en trois ans, trois ans à
peine, c'est plié, dans la boîte!

Restait une formalité: l'introduire en droit français.
Alors au ministère de l'Économie, en 2015,
Emmanuel Macron est au taquet, il veut la faire passer par un amendement. Même, pour toute infrac-
tion, pour tout viol du précieux «secret des affaires»,
il prévoit trois ans de prison! Heureusement, la peine
de mort est abolie… Mais le ministre essuie un tollé,

les députés socialistes se rebiffent. Désormais à l'Élysée, la chose est plus assurée : malgré les pétitions de journalistes, les manifestations d'ONG, les protestations des lanceurs d'alerte, les parlementaires ont approuvé. Par 46 voix pour et 20 contre.

Contre DuPont de Nemours.

Contre Syngenta.

Contre Monsanto.

Contre les atrazine, Dépakine, plomb, téflon, glyphosate d'hier et de demain.

15.

« Lobby de la chimie », ai-je écrit. Et, à propos du CETA, « cet accord est né d'un lobbyiste » œuvrant aujourd'hui pour le « lobby du pétrole », et qui « derrière lui a rassemblé dix-sept lobbies ». « Le ministre de la Transition écologique a organisé un dîner avec des lobbyistes du monde de l'énergie », nous apprend le journal *Sud-Ouest*, et a demandé que ce souper « informel » ne figure pas dans son « agenda public ». L'exemple lui a été donné d'en haut : à peine investi, à l'été 2017, le président de la République tenait un « rendez-vous secret » avec l'AFEP, l'Association française des entreprises privées. Le lobby du CAC 40 réclamait, et obtenait, la fin immédiate de l'impôt sur la fortune. À l'Élysée toujours, le lobby de la pharmacie, le Dolder, qui réunit les quarante plus gros labos

du monde, a tenu salon avec le chef de l'État : le lendemain, le Premier ministre annonçait des « mesures
encourageantes » pour Big Pharma.

« Les lobbies font la loi », on serait tenté d'écrire.
Mais c'est encore pécher par optimisme. Trop gentils,
ces termes de « lobby », de « groupes de pression ».
Comme s'il était besoin d'une « pression » de l'extérieur ! C'est *de l'intérieur* que l'État est colonisé.

À son sommet, bien sûr : un président banquier
d'affaires qui fraie avec les milliardaires, choisi par
eux comme candidat, célébré d'avance comme roi
par tous leurs médias, et les chèques de 5 000 euros
qui affluent vers son jeune parti, sa campagne
financée depuis la City ou la Suisse… Je passe, cet
épisode me lasse. Lui n'est que l'apothéose d'une
orgie entamée de longue date, et à tous les étages.
On ne les compte plus, ces hauts fonctionnaires
qui servent l'État pour mieux le piller, ces Gérard
Mestrallet (Suez), ces Stéphane Richard (Orange), ces
Michel Bon (France Télécom), ces Philippe Jaffré (Elf
Aquitaine), ces Jean-Dominique Comolli (Seita), qui
passent au privé avec un morceau de la Nation. Ces
Michel Pébereau (BNP), François Villeroy de Galhau
(BNP), Éric Lombard (BNP encore), Frédéric Lavenir
(BNP toujours), cette BNP Paribas qui a annexé Bercy.
Ces Jean-Jacques Barbéris (Amundi), Bruno Bézard
(Cathay Capital Private Equity), Thierry Aulagnon
(Société Générale), qui conseillaient François

Hollande et que cet «adversaire», la Finance, aura su charmer. Benoît de La Chapelle-Bizot, re-sous Hollande, chargé de défendre à Bruxelles la taxe Tobin, ardemment combattue par la Fédération bancaire française… et qui est recruté par cette même Fédération bancaire française! Nicolas Namias, re-re-sous Hollande, qui sabote depuis Matignon la (pourtant promise) «séparation des activités bancaires», rétribué pour ses services par le groupe Banque populaire-Caisse d'épargne. Le dernier scandale en date: Hugh Bailey, hier «conseiller industrie» au ministère de l'Économie, au moment où Emmanuel Macron cède Alstom au rabais à General Electric, et aujourd'hui, quoi? Directeur France de General Electric.

La ploutocratie a pris ses aises, et je les nomme, certes. Aucune attaque *ad hominem*, pourtant, nulle dénonciation: avec toutes ces trahisons, on peut remplir le Bottin mondain, et l'essai de Laurent Mauduit, *La Caste*, s'apparente à un épuisant catalogue. Aussi, l'heure n'est plus à dénoncer la corruption d'un homme. C'est la corruption d'une classe. C'est la corruption d'un système. Et l'on rêve d'un nouvel Hercule détournant le lit de la Seine vers les tours de la Défense, vers les hôtels particuliers des beaux quartiers, pour évacuer tout le fumier moral, toute la puanteur polie de ces écuries d'Augias sous les lambris.

C'est de l'intérieur que notre démocratie est minée. C'est de l'intérieur du pays qu'ils nous dirigent. Mais plus profondément encore : de l'intérieur de nous-mêmes, de l'intérieur de notre âme.

16.

À mon copain Cyril, rédacteur à *Fakir*, j'avais donné rendez-vous à la gare du Nord, sous le panneau des départs, qui fait « tchic-tchic-tchic-tchic », avec les indications « Bruxelles », « Amsterdam », « Amiens » ou « Lille » qui tournent. J'ai cherché le panneau, en vain. Il avait disparu. J'ai levé le nez, j'ai regardé alentour, et, à la place, sur quoi suis-je tombé ? Un immense panneau d'affichage publicitaire électronique, animé, pour la nouvelle Audi. Les trains, eux, étaient désormais indiqués par des écrans Samsung de type LCD, au bout de chaque quai, par dizaines.

Je me suis informé : j'ai appelé la SNCF. Un peu par nostalgie. Une époque disparaît : dans les films policiers, le héros arrivait à la gare en courant, ratait le départ à une minute près, et on entendait le fameux « tchic-tchic-tchic-tchic ». J'ai téléphoné, aussi, parce que ces dizaines d'écrans, j'ai pensé, ça doit quand même consommer plus que le seul panneau central.

« Toutes les gares vont passer au numérique, m'a informé la com' de la SNCF.

– Pourquoi ? j'ai demandé.

– On ne roule plus en 404, on ne tape plus à la machine à écrire, eh bien là, c'est pareil, c'est le progrès.

– Ça représente quelle consommation d'énergie ? j'ai insisté. Vous avez une idée ?

– Moi, non, pas du tout, je n'en sais rien. Mais le panneau de publicité, pardon, d'information, rapporte un peu d'argent à la gare. »

Cette anecdote, je l'ai rapportée ce printemps à l'Assemblée, à l'occasion de la loi Énergie-Climat. Ajoutant : « Même quand vous allez pisser, à Paris, vous vous retrouvez avec des écrans devant vous, dans les toilettes. » Doutant : « Comment va-t-on parvenir à la "neutralité carbone à l'horizon 2050", à la "division par six des émissions de gaz à effet de serre", en ne touchant ni aux écrans, ni aux vols aériens, ni au trafic routier, ni aux passoires thermiques ? » Et invitant, contre la publicité, à remettre en cause un modèle de consommation, « un modèle qu'il s'agit d'éliminer des têtes pour y ancrer un autre : celui de la sobriété. Qu'au lieu de baigner dans l'hyper-consommation et, dirais-je même, dans l'hyper-consomption du monde, nous nous rapprochions d'une simplicité de l'existence ».

C'était encore François de Rugy qui transitait, comme ministre, à l'Écologie. Il a évacué mon exemple d'un : « Monsieur Ruffin, je ne crois pas que la loi relative à la transition énergétique joue son avenir sur les panneaux lumineux de la gare du Nord», puis : «En ce qui concerne la sobriété, il faut que nous soyons clairs vis-à-vis de nos conci-toyens. Qu'entend-on par "sobriété"? Cela veut-il dire réduire drastiquement les consommations? Si oui, cela ne concerne pas seulement la consomma-tion de chauffage : les loisirs, mais aussi les déplace-ments pour les vacances sont en jeu. Si l'on prône la décroissance…»

Jamais, jamais il ne m'est apparu aussi déplacé comme ministre de l'Écologie que ce jour-là, avec cette réplique. Pourquoi? Parce que l'écologie réclame, avant tout, une révolution de l'imaginaire, de l'imaginaire politique, de l'imaginaire social, mais aussi de l'imaginaire personnel, intime. J'ajouterais presque, un bouleversement spirituel : qu'est-ce que le bonheur? Et la réussite? Et vivre ensemble? C'est un changement de cap qui est réclamé, et d'abord dans nos têtes : «ralentir plutôt qu'accélé-rer», «les liens plutôt que les biens», la «décence commune» plutôt que des rêves de millionnaire. Ces questions, c'est au ministre de l'Écologie, ministre d'État, numéro deux il paraît dans l'ordre proto-colaire, c'est à lui de les poser et de les imposer, de secouer et le gouvernement, et le pays, de changer pas seulement l'orientation, mais la boussole, fer de lance d'un monde qu'on ne fait qu'entrevoir. Alors là, que la perche lui soit tendue et que lui n'ait rien à dire sur la publicité, la consommation, le modèle de société, rien à dire sur les Audi, les iPhone 8, les Chanel, les Herta, nos marques, nos maîtres, glorifiés sur les écrans des gares, des pissotières, des téléviseurs et des ordinateurs, sinon de les défendre contre les «ayatollahs de la décroissance», c'est un flagrant délit d'imposture. Comme un ministre de la Défense qui sifflerait *La Marseillaise*. Comme un ministre de l'Intérieur qui hurlerait: «Mort aux vaches!»

Mais non, je me trompais: il n'était pas *déplacé* à l'Écologie. Il était au contraire à sa place. Pour que rien ne change. Pour que nos cerveaux demeurent dans leurs filets.

17.

Avez-vous lu *Comment les riches détruisent la planète*, d'Hervé Kempf? Le quatrième chapitre, majeur d'après moi, est consacré à Thorstein Veblen. Qu'on me permette d'en faire un résumé.

Veblen est un sociologue américain, d'origine norvégienne, de la fin du XIXe siècle. Son grand œuvre, c'est *Théorie de la classe de loisir*, qu'en toute franchise je n'ai pas lu (c'est tout «d'après Kempf»). Il développe cette idée phare, selon moi: la rivalité ostentatoire. Je le cite, même si les phrases sont un peu embrouillées: «Toute classe est mue par l'envie et rivalise avec la classe qui lui est immédiatement supérieure dans l'échelle sociale, alors qu'elle ne songe guère à se comparer à ses inférieures, ni à celles qui la surpassent de très loin. Autrement dit, le critère du convenable en matière de consommation, et il vaut partout où joue quelque rivalité, nous est toujours proposé par ceux qui jouissent d'un peu plus de crédit que nous-mêmes. On en arrive alors à rapporter les diverses normes de consommation aux habitudes de comportement et de pensée en honneur dans la classe la plus haut placée tant par le rang que par l'argent – celle qui possède et richesse, et loisir. C'est à cette classe qu'il revient de déterminer, d'une façon générale, quel mode de vie la société doit tenir pour recevable ou générateur de considération. »

En clair, on imite toujours un peu le groupe qui, sur l'échelle sociale, se trouve sur le barreau au-dessus de nous, on cherche à s'élever. Et comme ça jusqu'au sommet. « *Keep up with the Joneses* », dit-on en anglais. Ne pas se faire dépasser par les Durand.

Du coup, pour reprendre le titre d'Hervé Kempf : comment les riches détruisent-ils la planète ? Directement, avec leur consommation délirante, avec leurs tonnes de CO_2 pour leur balade en mer, avec leur jet privé, avec leurs caprices de framboises. Mais surtout indirectement, par le mode de vie qu'ils diffusent. Les milliardaires se mènent la « guerre des véga-yachts », tandis qu'en dessous le PDG français réclame aussi son bateau, sous peine de passer pour un loser. Encore en dessous, le chirurgien, il lui faut son voilier à La Baule. Et chez les employés, les techniciens, les secrétaires, quand on part en retraite, il faut faire une croisière en Méditerranée avec Costa. On en arrive à, devant chez moi, à Amiens, sur la Somme, un prolo tatoué de partout qui faisait du scooter des mers…

Ça fait rire? Mais on est tous pris dans cette mécanique, chacun à son niveau. Et je n'y échappe pas. J'ai deux gosses, papa en garde alternée. Je les emmène en Ardèche tous les étés, comme un chien qui pisserait toujours au même endroit. Alors que ma sœur, elle, vient de passer six mois à leur faire découvrir le monde, la Thaïlande, l'Australie, le Japon. Ma cheffe de cab' est partie aux États-Unis, le directeur de *Fakir* aux Canaries. Avec leur mère, depuis notre rupture, mes enfants ont visité Barcelone, Venise, l'Angleterre, le Pérou, même… Et avec moi, tous les ans, c'est Aubenas! Et encore, parce que je me force un peu, sinon ce serait direction Proyart, dans le Santerre, le fin fond de la Picardie. Eh bien, pour les vacances de mes gamins, je ne me sens pas «à la hauteur».

Pas à la hauteur de mon entourage, de ma classe. Et les anniversaires de leurs copains… Pour les cadeaux, j'éprouve une pression sociale. Pourtant, ils sont dans une école populaire, en «REP + », mais parfois c'est comme si les parents surcompensaient : une orgie de jouets! Tu as envie de dire «Ni Barbie ni Playmobil», comme on dit pour les enterrements «Ni fleurs ni couronnes», mais ça ne se fait pas. C'est très profond : on touche à la dignité des gens. Et mon fils qui arrive chez les autres avec des bouquins, avec *Ulysse* ou *Émile* : est-ce qu'il aura honte d'offrir ça ? Et à Noël ! C'est le summum du potlatch, là ! Des montagnes d'emballages ! Encore plus avec Papa et Maman séparés.

C'est ainsi qu'ils nous dirigent, aussi, de l'intérieur. Par leur modèle de consommation, d'ostentation, nous tirant vers le haut. Même si, profondément, nous le ressentons : notre bonheur ne passe plus par là.

18.

« Eux vont sombrer avec nous, pourtant ? » songe-t-on. Et moi-même je m'interrogeais : « Certes, il y a leurs profits, certes, il y a leur confort, mais ils coupent la branche sur laquelle nous sommes tous assis. À bousiller la terre, l'air, les mers, ils périront aussi ? »

La réponse, je l'ai trouvée dans les études HANDY. HANDY, pour Human and Nature Dynamics. C'est un modèle prédictif développé par une équipe de la NASA, avec à sa tête le mathématicien Safa Motesharrei. Comme à la fois le philosophe Dominique Bourg et le collapsologue Pablo Servigne le citaient dans leurs livres, ma curiosité a été titillée, j'ai lu ce rapport en anglais.

HANDY rend compte, en fait, des précédents effondrements : pourquoi des civilisations ont-elles disparu ? Des facteurs sont identifiés : « la population, le climat, l'eau, l'agriculture, et l'énergie ». Deux causes majeures sont pointées : « la rareté des ressources provoquée par la pression exercée sur l'écologie » et « la stratification économique, la trop forte disparité entre élites et roturiers ». Avec ce scénario catastrophe, advenu dans le passé, probable à l'avenir : « La surconsommation des ressources entraînerait un déclin des populations pauvres, suivi par celui, décalé dans le temps, des populations riches. »

Eurêka !

Nous avons trouvé : « suivi par celui, décalé dans le temps… » Comme le note Pablo Servigne, « les élites, parées de leur richesse, ne souffrent pas immédiatement des premiers effets du déclin. Elles ne ressentent les effets des catastrophes que bien après la majorité de la population ou bien après les destructions irréversibles des écosystèmes, c'est-à-dire trop tard. Cet "effet tampon" de la richesse permet à l'élite de continuer un "*business as usual*" en dépit des catastrophes imminentes. Pendant que certains membres de la société tirent la sonnette d'alarme, indiquant que le système se dirige vers un effondrement imminent, et donc préconisent des changements de société structurels, les élites et leurs partisans sont aveuglés par la longue trajectoire apparemment soutenable qui

précède un effondrement, et la prennent comme
une excuse pour ne rien faire. Ces deux mécanismes
(l'effet tampon des richesses et l'excuse d'un passé
d'abondance), ajoutés aux innombrables causes de
verrouillage qui empêchent les transitions "socio-
techniques" d'avoir lieu, expliqueraient pourquoi
les effondrements observés dans l'histoire ont été
permis par des élites qui semblaient ne pas prendre
conscience de la trajectoire catastrophique de leur
société. Selon les développeurs du modèle HANDY,
dans le cas de l'Empire romain et des Mayas, cela est
particulièrement évident».

Le pire est néanmoins évitable, veut croire Safa
Motesharrei : «Les deux solutions clés sont de réduire
les inégalités économiques afin d'assurer une dis-
tribution plus juste des ressources et de réduire
considérablement la consommation de ressources
en s'appuyant sur des ressources renouvelables
moins intensives et sur une croissance moindre de la
population.»

19.

Ces études HANDY, je les colportais, les vulgari-
sais, avec l'image du *Titanic*.
«Nous sommes tous à bord du même bateau,
certes. Mais les habitants du Sud se trouvent dans

les cales, et eux se noient déjà, l'eau qui rentre, qui rentre, ils essaient de fuir, de remonter à l'étage du dessus. Nous y sommes, nous, encore à l'abri dans nos cabines. Mais, en dessous, nous voyons le niveau qui monte, nous sommes inquiets, et nous alertons. Pendant que l'élite, sur le pont, danse au son de l'orchestre, sourde à nos cris.»

Mais je péchais par naïveté, peut-être, à nouveau.

Le philosophe Bruno Latour reprend la «métaphore éculée du *Titanic*», mais en une version encore plus noire : «Les classes dirigeantes comprennent que le naufrage est assuré ; s'approprient les canots de sauvetage ; demandent à l'orchestre de jouer assez longtemps des berceuses, afin qu'elles profitent de la nuit noire pour se carapater avant que la gîte excessive alerte les autres classes !

Si l'on veut un exemple éclairant qui, lui, n'a rien de métaphorique : la compagnie ExxonMobil, au début des années 1990, en pleine connaissance de cause, après avoir publié d'excellents articles scientifiques sur les dangers du changement climatique, prend sur elle d'investir massivement à la fois dans l'extraction frénétique du pétrole et dans la campagne, tout aussi frénétique, pour soutenir l'inexistence de la menace.

Ces gens-là – ceux qu'il faut désormais appeler les élites obscurcissantes – ont compris que, s'ils voulaient survivre à leur aise, il ne fallait plus faire semblant, même en rêve, de partager la terre avec le reste du monde. »

On le sait, désormais : ils iront jusqu'au bout.

Ils raseront les forêts. Ils videront les mers des thons, des baleines, des sardines. Ils pressureront les roches. Ils feront fondre les pôles. Ils noirciront l'Alaska. Ils réchaufferont l'atmosphère jusqu'à ébullition. Ils nous vendront un air coté en bourse. Ils affameront des continents. Ils sauveront les banques avec nos retraites. Ils solderont les routes, les îles, les jardins publics au plus offrant. Ils spéculeront sur nos maisons, notre santé, notre éducation. Le doute n'est plus permis : qu'on les laisse faire, et tout ça ils le feront.

20.

Ils nous dirigent.

Et ils nous dirigent droit vers l'abîme.

Le gouvernail est aujourd'hui entre les mains des plus fous, des plus inconscients, des plus aveugles – ou des plus cyniques. Nous devons leur reprendre le volant des mains. Nous devons appuyer sur le frein. Nous devons changer de direction.

Et il n'y a pas de place, alors, pour le consensus.

C'est un conflit, oui.

C'est une lutte pour le pouvoir, oui.

C'est un combat pour notre survie.

TROISIÈME PARTIE

À LA LUMIÈRE DE JAURÈS

21.

«Alors, on fait comment?»

Ce texte, je ne l'aurais pas écrit, je ne l'écrirais pas, sans Tim et Sarah. C'est à eux que je m'adresse, au fond, c'est notre discussion que je prolonge.

Le mois dernier, à Montpellier, en sortant de la gare, dans un bistro, j'avais rendez-vous avec des «Youth for Climate». Et, pour être franc, je traînais plutôt les pieds. Je ne souffre d'aucun jeunisme. Je ne caresse pas vos blondes chevelures en répétant: «Vous êtes l'avenir, vous êtes l'espoir.» Qu'aurait-on à se dire, avec ces gamins? Une heure à tuer… Je les abordais avec une condescendance bien sûr voilée. En vérité, ils m'ont stupéfait: «Anthropocène», «fonte de la banquise», «acidification des océans», «sixième extinction des espèces», «rapport du GIEC», «accord de Paris», «collapsologie»… Je croyais rencontrer des «gamins». J'ai trouvé des camarades.

«À 16 ans, vous en savez autant que moi à 43! Alors que je bouffe des bouquins là-dessus…» Je ne leur ai pas caché mon admiration. Et, en même temps, ils confirmaient une intuition: ça n'est pas eux, pas eux seulement, cette lucidité. C'est vous tous, toi Laetitia, toi Ulysse, toi Greta. Vous, la planète en danger, vous êtes nés avec, vous avez grandi avec, ça fait partie de votre air du temps. Moi, j'ai chopé ça en route. Parfois, je discute avec des intellectuels plus âgés, qui ont blanchi sous le harnais, pleins de talent, des génies même: «Et alors, l'écologie?» je leur demande. Ils n'ont rien à dire. C'est le silence. Ou alors ils me répliquent: «Je vous laisse ça à vous.» Ou encore: «Marx a déjà tout énoncé.» Sans vous flatter: vous en savez plus qu'eux, à 16 ans! Mais ce n'est pas votre génie, excusez-moi, ce n'est pas votre talent, c'est votre *génération*. Pas toute votre génération, certes, je le devine, vous en êtes l'élite…

À ce mot, Tim et Sarah se sont récriés, comme si c'était une injure. L'«élite», trop de honte ou trop d'honneur. Tout populiste que je suis, j'en souhaite une, moi, d'élite, une vraie, une digne, une élite éclairante, une élite qui apporte sa torche dans la noirceur des temps, qui éclipse les «élites obscurcissantes», et même criminelles, d'aujourd'hui. Alors, oui, vous êtes une élite. Pour l'instant, les lycées techniques ne bougent pas, ni les lycées professionnels, ni les lycées agricoles. Et même dans vos classes, vous êtes sans doute les plus informés. Mais je vous regarde et je songe : «Voilà où en est la pointe avancée!» Vous me faites penser à un passage des *Mémoires d'un révolutionnaire*, de Victor Serge. Il y dresse ce portrait de Léon Trotski :

«Tous les traits de son caractère, de son esprit, de sa vision de la vie appartenaient depuis plus d'un siècle à l'intelligentsia révolutionnaire russe. Des dizaines de milliers de combattants les eurent, les avaient à ses côtés (et je n'exclus pas de cette foule beaucoup de ses adversaires). Ces générations l'avaient porté, formé, elles vivaient en lui, et la sienne, produite par les mêmes circonstances historiques, lui était dans son ensemble identique. J'ai tant de noms, tant de visages sous les yeux, en écrivant ces lignes, que j'y vois une vérité éclatante. Cette génération, il a fallu la détruire tout entière pour rabaisser le niveau de notre temps.»

Avec cette génération, le niveau de conscience socialiste s'était élevé. Eh bien, avec vous, c'est le niveau de conscience écologique qui s'est élevé, subitement.

Une formidable maturité, donc, mais mêlée à une telle naïveté! À une candeur politique…

22.

«Depuis l'automne on manifeste, et rien n'a changé! se lamentait Tim. Le gouvernement m'a déçu, il n'a pris aucune mesure. Comment leur faire encore confiance?»

Cette réflexion m'a amusé, j'ai souri. Comme si, en une poignée de semaines, parce que des jeunes protestent, le pouvoir allait bouleverser ses priorités: l'environnement avant l'argent, le budget carbone d'abord, et on en finit avec la croissance, la concurrence, le libre-échange… Une improbable épiphanie. Mais admirez, tout de même, le chemin que vous avez parcouru, que vous avez fait parcourir: par vos marches et par vos votes, par la rue et par les urnes, dans l'opinion, dans les partis, dans les discours, vous avez ramené l'écologie au premier rang.

«Oui, dans les discours! s'est exclamé Tim, désespéré. Même, on inscrit l'"urgence écologique" dans la Constitution… Mais dans les faits?» Il y a «l'éternelle impatience de la jeunesse», radoteront les vieux sages. Cette impatience, pourtant, je la partage, et je la nommerai réalisme: nous n'avons pas le temps. Quant au social, oui, on peut se représenter des cycles, avec des hauts et des bas, comme une courbe qui descend et qui remonte, et certes nous sommes dans un creux, depuis trente ans, mondialisation oblige, mais tôt ou tard, comme un balancier, des jours meilleurs reviendront, on peut se raconter, même, que «les défaites

d'aujourd'hui préparent les victoires de demain», etc.
Quant à la planète, cette patience n'est plus de mise.
Ce qui est détruit ne sera pas reconstruit: les glaciers
fondus ne seront plus gelés, les forêts d'Amazonie ne
seront plus remplacées, pas de marche arrière, pas
d'inversion possible. Et ce compte à rebours, enclen-
ché, participe de notre angoisse.

   «De toute façon, a repris Tim, sombre, puisqu'ils
nous menacent, on va les menacer. Puisqu'ils
menacent la vie, nos vies, notre avenir, on va menacer les leurs.» Cet avis, lui ne le lançait pas, exalté, en
une bravade juvénile. Non, il l'énonçait avec gravité,
accablé même, en un «il n'y a pas le choix», comme
un chemin intérieur qui l'aurait conduit là. Et Sarah
l'approuvait: «On a des amis, pas nous, mais des
amis, qui se préparent à la violence…» Et malgré ce
«pas nous», je devinais bien que eux aussi étaient
habités par cette tentation.

   Ça m'a fait bizarre, cette bascule en l'espace d'une
seconde: l'instant d'avant, le gouvernement les
déçoit, ils aspirent à lui faire «confiance», et soudain
on vire vers une possible «violence». J'ai retrouvé le
même tangage, ce soir, lors de votre pot au Solférino.
Une jeune fille, blonde, avec un accent un peu allemand (elle était luxembourgeoise, en fait), me repro-
chait mon «obsession du conflit»: «Vous ne croyez
pas que le changement peut se faire dans la bonne
entente?» De partout, le bar bruissait d'invitations
au «dialogue transpartisan». Un activiste à casquette

se réjouissait de la «conférence citoyenne» mise sur pied par le président. Et la minute suivante, des mêmes bouches parfois, j'entendais «violence», pas encore comme un appel, mais déjà comme une hypothèse, le «passage aux armes» évoqué, les consciences qui oscillent, un mouvement qui se cherche, la meilleure voie vers l'action.

J'avais bu, un peu. M'est venue cette phrase, par trop lyrique: «Vous êtes comme des diamants. Je ne les voudrais souillés ni par la boue ni par le sang.

– C'est-à-dire?

– Ni par l'opportunisme ni par le meurtre.

– Mais alors, on fait comment?»

La même question, «Mais alors, on fait comment?», avait résonné chez Tim. Faisant écho à l'antique: «Que faire?»

23.

À coup sûr, je ne suis pas Lénine.

Initier, avec d'autres, Nuit debout place de la République, ça n'est pas exactement la prise du Palais d'Hiver. Occuper la zone industrielle d'Amiens-Nord, bloquer le rond-point de l'Oncle Sam avec les Procter et les Goodyear, ça n'est pas Spartacus marchant sur Rome. Être élu député de la première circonscription de la Somme, ça n'est pas un Front populaire qui fait trembler le «mur de l'argent». Et pourtant, à la question «Que faire?», je veux répondre sans me défiler : la violence ou non, le local ou le global, le boycott des marques, les petits gestes du colibri, le rouge et le vert, les alliances de classe, la rue ou les urnes... Depuis deux décennies, j'y réfléchis. J'agis, parfois. J'ai lu, beaucoup (moins aujourd'hui). Sur ce chemin, politiquement, voire socialement, sans faux-semblant, je m'estime plus avancé, et je vous fais part de là où j'en suis pour nous éviter des ornières, pour que vous gagniez du temps, ce temps qui nous est si précieux, pour que plus vite vous me dépassiez.

Cette après-midi, après l'hémicycle, avant votre pot, je discutais avec un scientifique. De renom, mais dont je préserve le nom : en charge d'une «mission», sur le climat justement, il ne prononce en public que des mots validés par la science, des chiffres, des études, se réfugiant dans la neutralité. Pourtant, lui me confiait : «J'interviens dans des grandes écoles, et les gosses sont vraiment naïfs. Ils croient que les gouvernements, informés, vont prendre des déci- sions courageuses. Alors que, bien sûr, l'écologie a des ennemis, qui vont tout faire pour torpiller, tout le temps... Du coup, malgré moi, à reculons, mais je dois enseigner ça aux gamins, les luttes sociales, qu'on ne doit pas tout attendre d'en haut, que ça ne tombera pas du ciel... Ils se sont construits comme ça, dans l'ignorance de ces combats, et avec une grande méfiance vis-à-vis des partis politiques.»

Je voudrais donc partir de là : des luttes.

Avec Antoine Dumini, un jeune étudiant en économie, nous avions entamé un « Dictionnaire des conquêtes sociales », égrenant les « acquis » au fil des numéros de *Fakir* : « Travail des enfants : ces anges dans un enfer », « Le droit de grève : un "ébranlement général" », « Les trois huit en "huit jours" », « Le congé maternité accouché dans la douleur », « L'inspection du travail, "plus dangereuse que les grèves" ! », « Le "miracle" des congés payés », « Les retraites, "nouvelle étape de la vie" », « La bataille de la Sécu », etc. Souvent, nos recherches nous ramenaient à la naissance du mouvement ouvrier, à la fin du XIXe siècle, au début du XXe, quand se forgent les syndicats, quand se forme l'État social. Ce moment me paraît utile, éclairant, pour votre mouvement aujourd'hui, pour les « conquêtes environnementales » à venir, pour l'État écologique à bâtir, et en un va-et-vient je voudrais y puiser.

24.

« Où vont tous ces enfants dont pas un seul ne rit ?
Ces doux êtres pensifs que la fièvre maigrit ?
Ces filles de huit ans qu'on voit cheminer seules ?
Ils s'en vont travailler quinze heures sous des meules ;
Ils vont, de l'aube au soir, faire éternellement

Dans la même prison le même mouvement.
Accroupis sous les dents d'une machine sombre,
Monstre hideux qui mâche on ne sait quoi dans
   l'ombre,
Innocents dans un bagne, anges dans un enfer,
Ils travaillent. Tout est d'airain, tout est de fer,
Ils semblent dire à Dieu : — Petits comme nous
   sommes,
Notre père, voyez ce que nous font les hommes ! »

C'est en 1838 que Victor Hugo rédige sa complainte.
Mais le poète ne prêche pas seul dans le désert : dans
ces années-là, au sein de l'Église, chez les élus, le scandale des enfants ouvriers éclate. Grâce au docteur
Villermé, notamment, qui, durant deux années, par-
court la France industrielle pour son *Tableau de l'état
physique et moral des ouvriers employés dans les manufactures de coton, de laine et de soie*. Ce médecin mili-
taire, dur à cuire, le proclame devant les Académies,
devant la Chambre des pairs, devant les députés : « La
condition de ces enfants doit nous émouvoir, car ils
ne méritent pas leur malheur. » Et il les émeut, de fait,
tous ces parlementaires. Au lendemain d'une séance
à l'Assemblée, il constate avec joie : « Tous les orateurs
ont reconnu le mal dont j'ai parlé en émettant le vœu
de voir se réaliser les améliorations que je demande. »
La cause fait la quasi-unanimité, comme la planète aujourd'hui, tous émus, pour de bon. Ce brave
Villermé y a cru, alors, à ces discours.

Comment expliquer, malgré ce consensus, que
ce musée des horreurs enfantines perdure encore
un demi-siècle, jusqu'à la fin du XIXᵉ? Qu'après une
première loi, en 1841, il en ait fallu une seconde, en
1874, sans plus d'effets? Quel mystère se cache derrière cette inertie?

Guère de «mystère», en vérité: devant le problème,
on est tous d'accord. Devant la solution, il n'y a plus
personne. Car la morale et les intérêts, voilà qui fait
deux. Et, au Parlement, on les voit ressortir à nu, ces
intérêts. Interdire le travail des enfants, personne n'y
songe. Même réduire leur durée de travail à l'usine,
ce serait «sacrifier l'industrie»: «Il s'ensuivra qu'il
faudra dans les manufactures un plus grand nombre
d'enfants, raisonne le pair Humblot-Conté. La consé-
quence du non-travail des enfants le dimanche sera
de faire fermer la fabrique ce jour-là.» Mieux: c'est
pour son bien, au fond, qu'on attelle tout le jour
l'enfant à sa machine. Sinon, «cette diminution de
salaire se fera surtout sentir sur sa nourriture, estime
le député Taillandier. Il sera trop souvent réduit à ne
s'alimenter que d'un pain grossier, tandis qu'avec un
travail plus élevé il pourrait y ajouter des légumes et
même un peu de viande».

Qu'on laisse les patrons s'autoréglementer. Sans
quoi, s'exclame le sieur Gay-Lussac, «malheur au
pays si jamais le gouvernement venait à s'immiscer
dans les affaires de l'industrie!» À Saint-Étienne, on se
fait les champions de l'éthique: «Dans une question

d'éducation, il convient de ne pas oublier que le travail aussi est moralisateur!» Et il convient, pour nous, de ne pas oublier ça: qu'elles sont prêtes à tout, les firmes d'alors, avec leurs PDG, ces ancêtres du Medef, pour justifier le pire. Même à invoquer la «morale», oui, la morale! Quand le petit Auguste Desplanques, «rattacheur chez Choquet, ayant voulu lacer son soulier, a les cheveux pris dans l'engrenage d'un métier. Il est littéralement scalpé», c'est affaire de morale. Quand Léon Verbrugt, 13 ans, épousseteur de lin, «à sept heures du soir, épuisé, s'est réfugié entre deux machines. On l'appelle, il se relève, mais la manche de son gilet est prise par un engrenage: tout l'avant-bras est déchiré», c'est affaire de morale. Quand Henriette Dautricourt, 14 ans, nettoie, sur ordre, une machine en marche, elle a «le bras entièrement dépouillé de sa chair; on doit l'amputer», et la voilà manchote à l'aube de sa vie: c'est affaire de morale… Et chaque fois, bien sûr, la faute incombe au jeune ouvrier.

Pour leur dieu Profit, ils l'ont fait, sans rougir, durant un siècle. Et un siècle plus tard, les mêmes, leurs descendants, hauts-de-forme et redingotes en moins, les Adidas, les Lee Cooper, les Nike, les Zara, ont exporté ce scandale loin de nos yeux, loin de nos lois, en Inde, en Indonésie, en Asie, «les anges dans un enfer». Les mêmes, les mêmes qui, durant des siècles et des siècles, ont vendu leurs semblables, les ont écrasés, asservis, enchaînés à fond de cale.

Toujours, auprès du roi ou du pape, dans les salons dorés, dans les parlements, se sont trouvés les sieurs Gay-Lussac, les députés Tallandier, les pairs Humblot-Conté du jour, pour justifier ces crimes, pour endormir les consciences, pour couvrir la soif d'or, la pure et simple soif d'or, avec de la «morale» et de l'«âme». Je les ai entendues tout à l'heure, encore, salle Victor Hugo justement, ces voix. «Ah, l'environnement, c'est important», nous ont-ils assuré, avant de nous dorloter avec la «prise de conscience en cours», la «pédagogie à mettre en œuvre», les «petits gestes, même s'ils ne suffisent plus»…

25.

«Je veux vraiment les appeler au calme, à la concorde.» Le président de la République s'exprimait au sommet du G7, à Biarritz, et il amadouait les manifestants: «Je pense que les grands défis qui sont les nôtres, le climat, la biodiversité, nous ne les résoudrons qu'en agissant tous ensemble, qu'en étant davantage réconciliés.» Et en même temps, en même temps, le chef de l'État envoyait les matraques sur le camping du contre-sommet, censurait les pages Facebook des opposants. Il peut parler de «concorde»: quand on a pour soi la force des choses, à quoi bon la force des mots?

C'est une constante, à droite, que de livrer bataille, mais sans le dire, avec au contraire du «pays rassemblé», des «valeurs partagées», du «vivre ensemble» plein la bouche. «Cessons d'opposer les riches et les pauvres comme si la société était irrémédiablement divisée en deux clans», nous enjoignait Christine Lagarde, alors que, ministre de Sarkozy, elle offrait un «paquet fiscal» taillé sur mesure aux premiers de cordée. Avant elle, Édouard Balladur, Valéry Giscard d'Estaing, Georges Pompidou nous avaient alertés contre des socialistes cherchant à «renvoyer la France à ses vieilles querelles, à ses vieilles divisions, à ses haines rancies», tandis que eux «conviaient les Français au rassemblement, à la modération, à l'union, et non pas à l'affrontement». Ce balancement, impeccable, a roulé de siècle en siècle, fut déjà poli par un Antoine Barnave, par un Léon Say, par un Raymond Poincaré.

Même Adolphe Thiers.

Même lui pose au «rassembleur».

Qu'on admire le chef-d'œuvre.

En mai 1871, l'homme a retourné les canons contre la Commune de Paris. Il a présidé aux fusillades d'innocents, aux égorgements d'enfants, aux déportations de femmes. Ses pieds baignent dans le sang de la boucherie, il s'en félicite d'ailleurs en privé : «Le sol de Paris est jonché de cadavres. Ce spectacle affreux servira de leçon.» Il s'applaudit en sourdine : «La répression a été terrible ; elle a tué la démagogie pour trente ans.» Mais, sitôt l'alerte passée, dès juin, à la tribune de l'Assemblée, le même repousse avec vigueur l'impôt sur le revenu, qu'il juge «funeste, dangereux, déplorable». Et pour quelle raison? Parce qu'il se soucie avant tout de la concorde civile! «Ce serait un impôt de discorde. Le peuple n'a pas besoin, il faut bien le lui dire et le lui répéter, d'appauvrir le riche pour être heureux lui-même.» Aussi le chef du gouvernement ne consent-il «à rien de ce qui pourrait troubler le repos des esprits et ajouter des brandons de discorde». Il préserve ainsi l'harmonie nationale: aux gueux on peut ôter la vie, aux nantis on n'enlèvera pas un sou.

C'est comme si la même rhétorique, lisse, creuse, glissait vers l'écologie, de la «concorde sociale» à la «concorde environnementale».

26.

«Mais pourquoi ne pas faire confiance aux entrepreneurs? Des patrons, y en a des bons, non?»

Oui.

Sans hésiter, oui. Et je n'ajouterais même pas, comme Jean Gabin dans *Le Président*: «Il existe aussi des poissons-volants, mais ils ne constituent pas la majorité du genre!»

J'ai raconté la loi Villermé de 1841. Dans mon coin, la Somme, M. Lecomte, directeur de la fabrique d'Ourscamp, a joué le jeu. Il a reçu l'inspecteur du travail, alors «inspecteur pour l'honneur», bénévole, et le docteur Frary a convaincu le patron : dans son usine, lui va bannir le travail des enfants. Mais, deux ans plus tard, c'est une lettre que l'industriel adresse à l'inspecteur : «Depuis que je suis convenu avec vous, monsieur, de mettre à exécution la loi sur le travail des enfants, cette loi a été scrupuleusement observée dans nos ateliers. Aujourd'hui, je regrette véritablement d'avoir poussé à l'exécution de cette mesure. Tous nos concurrents de Rouen, de Saint-Quentin et compagnie vendent au-dessous de nos cours, et ils peuvent le faire parce qu'ils travaillent à grandes journées et sans aucun frais, nouveau résultat de la loi dont ils ne se préoccupent pas le moins du monde.»

Voilà : le bon patron est puni.

Il faut comprendre cette règle, qui vaut pour l'époque comme pour aujourd'hui, pour le social comme pour l'écologie : avec une concurrence libre et totalement faussée, la vertu n'est pas récompensée, mais pénalisée. Quand le vice, lui, permet d'être «compétitif», de «remporter des marchés». Il ne s'agit plus d'hommes bons ou mauvais, alors, mais d'un système, un système qui les dépasse, qui encourage les actes nocifs.

«Huit heures de travail, huit heures de loisir, huit heures de repos». Ce slogan figure dès 1866 sur les drapeaux de la première Internationale ouvrière. Mais c'est un patron, anglais, socialiste utopiste, Robert Owen, qui a lancé ce slogan un demi-siècle plus tôt, en 1817. Curieusement, malheureusement, ses camarades dirigeants, en Europe, ne se montrent guère enthousiastes, freinent des quatre fers, condamnent cette «vague de détente», cette «invitation à la paresse», ce «dénuement moral».

De ce côté-ci de la Manche, l'homologue d'Owen existe bien, mais il fait figure d'exception : «Quant à moi, je crois que la cause est entendue, tranche monsieur de Morsier. Dans quelques années on s'étonnera qu'on ait pu faire travailler des ouvriers quinze et dix-huit heures de suite, comme l'on s'étonne aujourd'hui qu'il y ait eu des esclaves. La journée de huit heures est une nouvelle étape sur cette route difficile mais superbe qui monte vers les hauteurs de la justice et de la liberté pour chacun. C'est cette chaîne odieuse, égale en bien des cas au boulet du forçat, que la loi de huit heures viendra briser.»

Il faudra attendre 1919, un siècle après Owen, et surtout après la Grande Guerre, après la révolution bolchevique en Russie, après les spartakistes en Allemagne, avec la crainte d'une contagion, pour que les huit heures soient accordées.

J'admire, immensément, Jean-Baptiste Godin, un inventeur génial, un inventeur social. Fils d'artisan serrurier, il fait son tour de France dans les années 1830 et découvre la misère ouvrière. Rentrant chez lui, en Picardie, Godin invente un poêle à charbon en fonte qui porte encore son nom, monte une manufacture, réussit dans les affaires, aurait pu faire fortune. Mais il décide, à la place, de fonder un «familistère»: à Guise, dans l'Aisne, il fait construire un «Versailles pour les ouvriers», avec école, théâtre, piscine, fanfare, jardins, etc., et je conseille à tous de le visiter. C'est un génie, un génie dans les détails: la piscine est à fond mobile, pour que les enfants apprennent à nager. Il conçoit le vide-ordures pour qu'on puisse se débarrasser des déchets dans les étages, sans avoir à descendre. Et surtout c'est un génie généreux: son entreprise, il la met sous forme de coopérative, que les salariés votent, participent au projet. C'est un génie, mais avec une illusion: puisque mon expérience marche, pensait-il, les patrons vont l'imiter ailleurs, la généraliser. Eh bien, non. Il en était déçu, meurtri, ne comprenait pas. Et je la trouve charmante, sa naïveté: il lui manquait Marx, il lui manquait la lutte des classes.

Et c'est plus vrai encore aujourd'hui qu'hier, avec des firmes multinationales, avec des fonds de pension, avec des *private equity* aux conseils d'administration, qui dominent tout, qui réclament des dividendes, une rentabilité à 5 %, 10 %, 15 %, qui ne se soucient même plus d'investir, même plus de l'outil industriel, et encore moins du social, et encore moins de l'environnement, sinon pour le marketing… Pris dans cette gigantesque mécanique, et même à sa tête, que peut un patron, fût-il « bon » ? Sa marge de manœuvre est ténue : il répond aux exigences de ses actionnaires, anonymes, qui sont les patrons du patron et qui ne l'ont *a priori* pas choisi pour sa philanthropie.

Qu'on ne compte pas sur la bonté, donc. Qu'on fasse plutôt des lois, des lois pour encourager la vertu, et des lois pour punir le vice.

27.

« Mais est-ce qu'agir comme citoyen, ça ne commence pas par nos achats ? » À tous les débats, après chaque projection de *J'veux du soleil !* ou de *Merci patron !*, une voix s'élève dans la salle : « Comme disait Coluche : "Quand on pense qu'il suffirait que les gens n'achètent pas pour que ça ne se vende plus !" Nous n'avons qu'à boycotter, tous ensemble, les grandes marques qui polluent, qui détruisent la planète… Le pouvoir que nous détenons, maintenant, c'est celui du consommateur. » Des applaudissements crépitent, approuvent l'intervention. Et même succès, à peu près, pour la suivante : « Vous connaissez le colibri ? » Oui, je connais. « C'est un petit oiseau qui, lorsque éclate un incendie, prend une goutte d'eau et va la jeter sur les flammes. Eh bien, soyons tous des colibris! Faisons chacun un geste.»

Ça me lasse et ça m'agace.

N'apprendra-t-on jamais rien de l'histoire?

«N'achetez pas, mesdames, n'achetez pas.
Laissez-nous l'dimanche, dimanche,
Laissez-nous le dimanche,
Mesdames, n'achetez donc pas.»

Ils sont trois mille employés, à Bordeaux, le dimanche 28 février 1904, à entonner en chœur:

«Viens, la foule,
Viens donc manifester,
Plutôt que d'acheter.
Viens, viens dire à ce pantin
D'fermer le dimanche matin.»

Mais leur injonction au boycott va-t-elle l'emporter? Les magasins demeurent ouverts. Alors, des vitrines sont brisées à Bordeaux, des pierres volent au Havre, des étalages sont renversés à Saint-Étienne, des devantures sont enfoncées à Limoges, des boutiques sont pillées à Nice, saccagées à Tarbes, leurs directeurs sont conspués à Nantes, voire menacés physiquement. Et quand les patrons cèdent, décidant de fermer le dimanche, les travailleurs se réunissent pour les applaudir, comme à Montpellier ou à Toulon. Le 1er mai 1905, les commerçants paniquent, la police se trouve en état d'alerte, et le *Bulletin de la Ligue populaire* implore le gouvernement:

qu'il accorde enfin une «loi de paix, mettant fin aux bruyantes manifestations de la rue». Mais les ministres ne lâchent rien.

La Fête des travailleurs de 1906, qui suit la catastrophe de Courrières, s'annonce plus terrible encore: «La jeune CGT a annoncé qu'elle ferait de ce jour-là un "1er mai pas comme les autres", raconte Jean-Denis Bredin, et a décidé de canaliser tout l'effort syndical vers une seule revendication: la journée de huit heures. À Paris, la peur est extrême. Les bourgeois achètent des conserves, et s'enferment chez eux. Les capitaux s'enfuient. Clemenceau reçoit les dirigeants de la CGT et les prévient qu'il sera impitoyable. "Vous êtes derrière une barricade. Moi je suis devant. Votre moyen d'action c'est le désordre. Mon devoir c'est de faire l'ordre." 45 000 hommes de troupe sont massés dans la capitale. Le secrétaire général de la CGT est, préventivement, arrêté et inculpé. Le 1er mai se passe sans trouble important – mais de nombreuses grèves prolongent l'arrêt de travail du 1er mai, et la crainte bourgeoise ne sera pas sans suite. La révolte ouvrière y aura gagné la loi du 13 juillet 1906 qui rendra obligatoire le repos hebdomadaire.»

Ils réclamaient les huit heures? Ils ont le dimanche!

28.

Cette «démocratie par le caddy», le bulletin de
vote remplacé par une liste de courses, avec sur les
emballages des garanties sociales, des promesses
de «local», je n'y crois pas : dans un supermarché, le
citoyen raisonne, et c'est fatal, et c'est normal, avec
un porte-monnaie dans le cerveau.

Mais il ne s'agit même pas de croire. Quelle
conquête avons-nous obtenue par le «boycott» ?
Qu'on me renseigne : laquelle ? Aucune, jamais. A-t-on
mis fin au travail des enfants parce que les consom-
mateurs se sont dit : «Tiens, dans cette fabrique
textile, le maître exploite des petiots. Nous n'achè-
terons plus son tissu» ? De même pour le travail du
dimanche, pour le repos après l'accouchement, pour
le travail de nuit, etc. Non, jamais nous n'avons vaincu
ainsi. Toujours par des luttes et par des lois.

Je prépare mon départ en vacances. Cet été, la
moitié de la France, environ, partira, l'autre pas.
Mon oreille traînant, parmi vous, au bistro Solférino,
j'ai entendu «pays Basque», «Rome», «Périgord».
Eh bien, heureusement, pour ces congés payés, nos
grands-parents n'ont pas attendu que leur patron,
écartant le souci du profit, soit touché par la grâce
et saisi d'une «bonne volonté individuelle»… Il a
fallu une formidable lutte, et, dans la foulée, une loi.
L'environnement exige, me semble-t-il, les mêmes
moyens, le même chemin : des luttes pour des lois,

et encore des luttes pour faire appliquer les lois. Des luttes et des lois, toujours, comme en une dialectique. Parce qu'il n'y a pas de sociétés sans conflits : conflits d'intérêts, conflits de classes, conflits de genres, conflits de générations. On peut les taire, ces conflits, on peut les dénier, les étouffer. La démocratie, au contraire, c'est autoriser le conflit, l'organiser, le ritualiser, le verbaliser. Et non feindre le « consensus », prétendre à une fausse harmonie.

De consensus, donc, jamais. En revanche, tous les jours, des compromis, qui passent par des lois, par des règles communes qu'on se fixe et qu'on respecte. Des compromis non pas entre « partenaires sociaux », mais entre « adversaires », entre éternels adversaires, avec les lois comme un curseur dans la lutte en cours.

Ma cheffe de cabinet, en ce mois de juillet, vers où s'est-elle envolée ? C'est une manie, chez Julie, et elle en culpabilise un peu : « Tu sais, moi, François, j'ai besoin qu'on me pose une limite, sinon je prends l'avion tous azimuts. Donc, il me faut une contrainte pour accorder mes actes et mes idées. » La vertu écologique, tout comme la vertu sociale, ne va pas de soi. Elle coûte, même, souvent. D'où la nécessité de l'encourager, de l'encadrer. D'où ma proposition de loi, déjà mentionnée, sur les vols intérieurs.

Le ministre de la Transition écologique, lui, se montrait plus optimiste quant à la nature humaine : « Vous ne faites pas confiance aux citoyens. » Et la ministre des Transports assénait : « Il n'y a pas besoin d'interdiction, les Français peuvent faire preuve de responsabilité. » Tandis que je serais, moi, partisan d'une « écologie punitive », l'ombre de Robespierre... Je suis partisan de faire mon boulot : des lois. Interdire de fumer au bureau, est-ce « punitif » ? Limiter la vitesse, attacher sa ceinture, est-ce « punitif » ? Imposer un salaire minimum, est-ce « punitif » ? Non, ce sont juste des lois. Et lorsqu'il s'agit du « secret des affaires », les mêmes ministres se bornent-ils, alors, à « faire confiance aux citoyens » ? Décrètent-ils que « les Français peuvent faire preuve de responsabilité » ? Non, ils ne s'embarrassent d'aucune fausse pudeur et recourent à la loi, au « punitif », comme ils causent. Pour la moindre parcelle de propriété, pour la protéger, ils sortent sans tortiller toute l'artillerie : amendes, sanctions, peines de prison, autoritaires en diable... Mais dès qu'il s'agit de protéger les biens communs, les voilà qui s'en remettent à la « pédagogie », à la « responsabilité », à la « confiance ».

Avec ce baratin du « boycott », du « chacun fait sa part », des « bonnes volontés individuelles », se forme, on le voit, une alliance, une alliance objective : les cœurs les plus purs professent ces poncifs. Mais aussitôt relayés par les plus cyniques. Les PDG et les financiers, les présidents et les gouvernements approuvent, applaudissent, s'en gargarisent : plutôt que de légiférer, eux s'en vont en chœur «responsabiliser le consommateur»… Quoi de plus inoffensif? Quoi de moins dangereux?

Alors, pourquoi les hommes et les femmes qui sont vraiment de bonne volonté, honnêtes, sincères, pourquoi entonnent-ils ce refrain? En raison, me semble-t-il, d'une rétractation de l'espérance. D'un abandon qui ne s'avoue pas.

Les luttes et les lois, eux n'y croient plus. Qu'on puisse remporter des luttes, c'est impensable. Qu'on puisse imposer des lois, c'est impossible.

Il le faut, pourtant.

29.

«L'ampoule que je prends, là, elle coûte 300 €! Tous les jours! Tu te rends compte?» Mon ami Antoine souffrait d'une grave maladie, une énorme saloperie, un genre de leucémie. *«"Ne vous inquiétez pas, votre maladie est prise en charge à 100 %."* Quand mon médecin avait prononcé cette phrase, j'y avais à peine prêté attention, tellement ça me semblait normal. Et puis, j'ai dû faire des piqûres à plus de 1 000 € l'unité, accumuler les allers-retours en ambulance, enchaîner les traitements, les radios, les scanners, et là, je me suis rendu réellement compte de ce miracle: l'assurance-maladie.» Lui glorifiait la Sécu comme «la plus formidable des inventions sociales», et il remontait volontiers, avec l'historien Michel Étiévent, à Notre-Dame-de-Briançon, Savoie, 1906.

Antoine Croizat travaille alors comme manœuvre à la fabrique de carbone, douze heures par jour, à taper sur des bidons de carbure, face à des fours à 1 500 °C, sans aucune protection, sans tablier de cuir. Avec, à la clé, des blessés, des morts, des veuves, des familles sans revenus. Le 21 mars 1906, c'est la révolte, dont les archives de police conservent la trace : « Sortent de l'usine, drapeau rouge en tête, sept ouvriers. Ils réclament la création d'une caisse de secours. » Dans la vallée, la grève se fait contagieuse, toutes les industries à l'arrêt. Au bout de sept jours, le 28 mars, l'industriel plie : il reconnaît le syndicat, concède une augmentation importante, accorde trois jours de congé, et surtout, ouvre une « caisse de solidarité ». Antoine Croizat, en revanche, n'est pas repris, et la police note : « L'ouvrier Croizat accepta son sacrifice. » Avec sa femme Louise, avec ses enfants, dont le petit Ambroise, il quitte Notre-Dame-de-Briançon, accompagné à la gare par trois cents ouvriers, par une fanfare, en un mélange de tristesse et de triomphe.

C'est l'embryon de la Sécurité sociale, cette « caisse de solidarité ». Et il faut imaginer le même récit dans mille usines, dans toutes les régions, à l'initiative parfois des patrons, à Montceau-les-Mines dès 1843, Châteaubriant en 1854, et un réseau se tisse, avec des « mutuelles » par métier, par religion, par localité,

avec des assurances privées surtout. Malgré ce mouvement, à la veille de la Seconde Guerre mondiale,
seul un tiers de la population est couvert. Pour les
autres, la peur demeure : « Nous vivions dans la han-
tise, la peur de la maladie et de l'hospitalisation. Pour
opérer mon fils d'une simple appendicite, j'ai dû, en
1938, vendre la moitié de mon petit cheptel. »

C'est connu : en pleine occupation allemande,
le Conseil national de la Résistance promet, en
mars 1944, des « Jours heureux ». Avec notamment
« un plan complet de Sécurité sociale visant à assurer
à tous les citoyens des moyens d'existence dans tous
les cas où ils sont incapables de se les procurer par le
travail, avec gestion appartenant aux représentants
des intéressés ». Mais la surprise, ce n'est pas ce beau
programme. C'est qu'il soit partiellement appliqué.

Grâce au rapport de force.

À la Libération, la CGT affiche 5 millions d'adhé-
rents – tandis que le patronat, sali par la collabo-
ration, se fait très discret. Mieux, en octobre 1945,
aux élections législatives, le Parti communiste
recueille 28 % des suffrages, plus de 5 millions de
voix. « Impossible, dira le général de Gaulle dans
ses Mémoires, de ne pas entendre la voix profonde
du peuple comme on entend la rumeur de la mer ».
Et c'est un ministre communiste, donc, Ambroise
Croizat, oui, le fils d'Antoine, qui va achever l'œuvre
de son père.

Antoine concluait son article par : « Il aura donc fallu toutes ces volontés, mises bout à bout, pour que je sois soigné. Merci à tous. »

Malheureusement, ça n'aura pas suffi.

30.

« La plus formidable des inventions sociales », j'approuve Antoine. Par ses bienfaits pour tous, à coup sûr. Mais aussi, il me semble, par le chemin que propose son histoire, par sa dialectique : faut-il agir local ou national ? Par le bas ou par le haut ? Par les luttes ou par les urnes ? Toutes les contradictions sont ici dépassées.

C'est d'en bas que part la Sécu, des luttes locales, avec des Antoine Croizat de partout. Mais la couverture sociale est trouée. Ces actions s'avèrent insuffisantes, trop partielles, trop fragmentaires, pour protéger tous les Français. C'est d'en haut, alors, qu'Ambroise Croizat, amené au ministère par les urnes, par une « Assemblée écarlate », dominée par les partis marxistes, c'est d'en haut qu'Ambroise Croizat va compléter l'ouvrage, le refonder. Mais pas tout seul, pas en ministre absolu, pas détaché du corps social : en s'appuyant, toujours, sur le bas, sur la base.

Comment ?

D'abord, cette évidence : jamais ni lui ni les membres du CNR n'auraient prôné un « vaste plan de

Sécurité sociale» si des initiatives, sectorielles, certes, privées, n'avaient prouvé, depuis des décennies, que c'est possible. Que ça marche. Sans ces expériences, réussies, on l'aurait renvoyé au rang des «utopistes». Notre-Dame-de-Briançon a servi de laboratoire social.

Aussi, il s'appuie sur la base pour intimider, pour menacer à demi-mot ses collègues du gouvernement qui traînent les pieds, les députés du centre (la droite est écrabouillée) qui se font le relais des assureurs, des médecins, qui se mettent la main sur le cœur: «C'est un noble projet, généreux, mais alors que la France est en ruine, croyez-vous que ce soit le meilleur moment?», et qui savent, eux, qui savent que la fenêtre d'opportunité va se refermer, que la force reviendra à l'ordre, à l'Argent. Ambroise Croizat les menace à la tribune: «Le peuple de France n'attend pas. Il ne comprend pas les oppositions à un système qui soulagera sa misère et lui donnera pour la première fois de son histoire le droit légitime de se soigner, d'être tranquille, de vivre enfin dans la dignité.» Et on devine le sous-texte: «Vous voulez la grève générale? Ils sont cinq millions, ils ont gardé des fusils.»

Voilà pour contrer la bourgeoisie. Mais il en appelle surtout aux travailleurs. «La Sécu n'est pas qu'une affaire de lois et de décrets. Elle réclame vos mains! Rien ne se fera sans vous», avait prévenu le ministre dans un meeting. Et des milliers de mains, oui, se mettent à l'ouvrage : «Il faudrait dire ces journées passées chez les assureurs privés pour leur arracher ce qui avait été pour eux une source de profits énormes, raconte Roger Petit. Ces congés passés à construire des locaux, parfois des modestes baraques de bois, construites planche par planche par les copains.»

Pierre Laroque, premier directeur de la Sécurité sociale, est stupéfait par la rapidité : «Tout a fonctionné à partir de juillet 1946. En dix mois à peine, malgré les oppositions, nous avons pu construire cette énorme structure, alors que les Anglais n'ont pu mettre en application le plan Beveridge, qui date de 1942, qu'en 1948.»

Ainsi s'appuie-t-il sur la base en positif, pour bâtir la Sécu. Pour bâtir, très concrètement, les premières caisses primaires d'assurance-maladie, ces immenses bâtiments qu'on regarde aujourd'hui comme des institutions, comme un machin de bureaucrates, là de tout temps et pour toujours. Mais Croizat nous avait prévenus : «Ne parlez pas d'acquis sociaux, parlez de conquis sociaux, parce que le patronat ne désarme jamais.» Comme le chantait Aragon : «Rien n'est jamais acquis à l'homme, ni sa force ni sa faiblesse»… ni sa Sécu!

Cette histoire, cette dialectique du haut et du bas, vaut à mon sens aujourd'hui pour l'écologie.

Bien sûr qu'on peut les faire, les «bonnes actions individuelles», et je ne les méprise pas. Ces engagements locaux nous apportent souvent du bonheur, un sentiment d'utilité plus immédiate. De ces expériences naissent des idées neuves. Et à travers nos associations, nous élevons nos capacités, nous acquérons du sens pratique, nous gagnons en confiance, nous apprenons à gérer. À condition que ces initiatives, louables, ne colportent pas une illusion : que les petites gouttes du colibri éteindraient l'incendie. Que face à l'agriculture productiviste, par exemple, nous n'aurions qu'à récupérer trois hectares en bio ici, cinq hectares là, sans exiger, avant tout, des lois, des lois sur les produits phytosanitaires, des lois sur l'irrigation, des lois sur l'élevage des porcs, des lois sur l'usage des hormones, des lois qui garantissent des prix planchers, aussi, aux paysans. Des lois faites par un gouvernement à nous, porté par nous, avec des ministres qui s'appuieront sur nous, sur nous pour intimider, sur nous pour construire.

Sans quoi nous optons d'emblée pour la défaite : les maîtres fixent les règles du jeu, ne nous tolèrent qu'à la marge, voire louent nos gentilles «alternatives».

31.

«Le château incendié et la mare dans laquelle fut jeté le mobilier». C'est la légende d'une carte postale prise dans mon coin, à Fressenneville, dans le Vimeu, au printemps 1906. Des mères de famille, des enfants, posent tranquillement devant les villas dévastées des frères Riquier.

Eux menaient grand train jusqu'alors : chasse à courre, automobiles, toilettes somptueuses, valets en livrée, domestiques à gants blancs. Julien, maire de la commune, tutoie ses ouvriers. On est une grande famille, pas vrai ? On a grandi ensemble, j'ai sauté sur les genoux de vos grands-pères. Dans son usine, il ne veut donc entendre parler ni de syndicat ni de revendications. On n'a pas besoin de ça.

Le samedi 31 mars, au moment de la paie, deux employés sont exclus pour cause de «production insuffisante». L'un d'eux, Désiré Depoilly, âgé de 26 ans, travaille pour les Riquier depuis ses 12 ans. C'est un militant anarchiste, un syndicaliste actif. C'est lui qui collecte les cotisations pour le syndicat des métaux. Il ne va pas se laisser faire. Après la pause déjeuner, il revient dans la cour, solidement entouré : «Vous vouliez que je quitte les lieux ? il lance. Mais je suis chez moi, ici. L'usine appartient aux travailleurs, et pas aux patrons !» Dans l'atelier, des jeunes filles ouvrent les fenêtres et crient : «Vive la grève !» En quelques minutes, un cortège de deux cents personnes se forme, traverse la localité. Devant un chantier de démolition, une halte, le temps que les poches des hommes, les tabliers des femmes, se remplissent de briques. Puis ils reviennent à la fabrique, bombardent les vitraux avec ces munitions, avant d'envahir la salle des machines. En panique, Édouard court à Abbeville réclamer la protection de la troupe.

Aussitôt après son départ, la foule envahit les demeures patronales. Chez Julien Riquier, tout le rez-de-chaussée est mis à sac, les tapis et les tableaux lacérés, les meubles brisés, les porcelaines fracassées. Vêtements, armes de chasse, rideaux sont jetés dans la mare, devant la maison. Les fûts de la cave sont fendus à coups de hache, le vin se répand au sol. La maison d'Édouard n'est pas épargnée : parquets et boiseries sont détruits à coups de pioche, puis arrosés d'essence. On allume un gigantesque brasier, et il ne reste bientôt plus de cette villa que des murs calcinés...

Les pompiers arrivent. On les empêche d'agir, on bloque leur passage, on crève leurs tuyaux, aux cris de : « Laissez brûler ! » Delarue, directeur de l'usine et adjoint au maire, échappe de justesse au lynchage, et sa baraque subit un saccage en règle. Une « jacquerie », estime *L'Écho de Paris*. L'indice de « la Révolution qui vient ». Et Julien Riquier pleurniche dans ses colonnes : « Qu'avons-nous fait pour mériter tant de haine ? » Deux mille soldats sont déployés entre Woincourt et Friville. Et, en avril, une enquête aboutit à l'inculpation de trente-deux « metteux d'feu »...

À l'Assemblée, le ministre de l'Intérieur, Georges Clemenceau, prône, cela va de soi, la « répression ».

Jean Jaurès monte alors à la tribune : « Le propre de l'action ouvrière, dans ce conflit, lorsqu'elle s'exagère, lorsqu'elle s'exaspère, c'est de procéder, en effet, par la brutalité visible et saisissable des actes. Ah ! Le patronat n'a pas besoin, lui, pour exercer une action violente, de gestes désordonnés et de paroles tumultueuses ! Quelques hommes se rassemblent, à huis clos, dans la sécurité, dans l'intimité d'un conseil d'administration, et à quelques-uns, sans violence, sans gestes désordonnés, sans éclat de voix, comme des diplomates causant autour du tapis vert, ils décident que le salaire raisonnable sera refusé aux ouvriers, ils décident que les ouvriers qui continueront la lutte seront exclus, seront chassés. Cela ne fait pas de bruit. C'est le travail meurtrier de la machine qui, dans son engrenage, dans ses laminoirs, dans ses courroies, a pris l'homme palpitant et criant. La machine ne grince même pas et c'est en silence qu'elle le broie. »

Et le tribun de rappeler la catastrophe de Courrières, ce coup de grisou qui, en ce début d'année 1906, a fait plus de mille morts dans les mines du Nord, les sauvetages trop vite arrêtés, les installations sauvées avant les mineurs, la colère qui a grondé, quarante mille travailleurs en grève, et le ministre Clemenceau qui a réagi comment ? Par la « répression », l'envoi de vingt mille soldats, des

arrestations en veux-tu en voilà… À comparer avec
Fressenneville, estime Jaurès: «De même que l'acte
de la violence ouvrière est brutal, il est facile au juge,
avec quelques témoins, de le constater, de le frapper,
de le punir. Et voilà pourquoi toute la période des
grèves s'accompagne automatiquement de condam-
nations multipliées. Quand il s'agit de la responsabilité patronale – ah! laissez-moi dire toute ma pensée,
je n'accuse pas les juges, je n'accuse pas les enquê-
teurs, je n'accuse pas, parce que je n'ai pas pu pénétrer jusqu'au fond du problème, je n'accuse pas ceux
qui ont été chargés d'enquêter sur les responsabilités de Courrières, et je veux même dire ceci, c'est que
quel que soit leur esprit d'équité, même s'ils avaient
le courage de convenir que de grands patrons, que
les ingénieurs des grands patrons peuvent être exactement comme des délinquants, comme les ouvriers,
traînés par charrettes devant les tribunaux correc-
tionnels, même s'ils avaient ce courage, ils se trou-
veraient encore devant une difficulté plus grande,
parce que les responsabilités du capital anonyme qui
dirige, si elles sont évidentes dans l'ensemble, elles
s'enveloppent dans le détail de complications, de
subtilités d'évasion qui peuvent dérouter la justice.
Ainsi, tandis que l'acte de violence de l'ouvrier apparaît toujours, est toujours défini, toujours aisément
frappé, la responsabilité profonde et meurtrière
des grands patrons, des grands capitalistes, elle se
dérobe, elle s'évanouit dans une sorte d'obscurité.»

J'ignore si c'est l'effet de cette plaidoirie, mais, au 14 juillet, les «metteux d'feu» bénéficient d'une amnistie, sont libérés. Après ça, les Riquier préfèrent administrer leur usine à distance. Et Julien abandonne sa charge de maire : plus qu'une conquête sociale, il y a là, arrachée, une autonomie politique. Et c'est la naissance du «Vimeu rouge».

32.

Mais je veux m'arrêter à autre chose : il a fallu Jaurès. Il a fallu Jaurès au socialisme français. Il a fallu au mouvement ouvrier ce philosophe, cet agrégé, ce fils de bonne famille. Et il a fallu le peuple à Jaurès pour qu'il devienne Jaurès. Il a fallu qu'il serre cent mains rugueuses, calleuses, ce soir d'automne 1892 où les mineurs de Carmaux, après des questions, après des contestations, le choisirent comme candidat «socialiste» et où Aucouturier, le meneur syndical de la verrerie, se leva, solennel : «Nous vous avons combattu, citoyen Jaurès, mais la majorité est avec vous. Nous nous rallions donc à votre candidature. Si vous marchez droit, vous n'aurez pas d'amis plus fidèles et plus dévoués que nous.» Ses pieds ont parcouru des lieues, de ferme en ferme, évitant les flaques d'eau, glissant sur un talus, pour gagner une à une les voix des paysans de Pampelonne, de Monestiés, de Valderiès, bavardant en occitan avec eux. Ses bras se sont levés pour échapper aux coups lorsque, comme il le narre, s'avançant «dans cet âpre bloc de montagnes cévenoles où le pouvoir du châtelain de la mine, qui possède encore les forêts des montagnes, s'étend jusque là-haut, se combinant avec la puissance du curé, avec la puissance des sorciers, avec la vieille ignorance des populations montagnardes façonnées par un catholicisme intolérant», lorsque sur ces chemins il était «assailli, matériellement assailli, non pas par les huées, mais par les bâtons, par les pierres, par les embuscades», lorsqu'il était guetté «par les gens du château, par les gens du presbytère, et que près de tomber dans le guet-apens» il était arraché au danger «par les radicaux, petits médecins de villages, petits propriétaires paysans, démocrates qui mènent à leur manière, en dehors de toute formule, une instinctive lutte de classe».

Et tous ces efforts ne sont pas rien, pas juste de la «démagogie», de l'«électoralisme». Car tous ces pas, toutes ces accolades, toutes ces rencontres ont forgé un homme parmi les hommes, ont bâti une pensée, une pensée qui n'est pas qu'une idée flottant dans les éthers kantiens de la «raison pure», mais une idée qui se confronte à l'injustice, et à la laideur, et à la beauté, et à la dureté du monde. Une idée qui épouse la glaise du réel pour mieux le pétrir ensuite. Une idée qui, malgré le confort, et les honneurs, n'oubliera pas l'humanité, souffrante et rieuse, courbée et se dressant, la vaste humanité qui l'a envoyé là, sur les sièges rembourrés de l'Assemblée, sous les ors des palais, et lorsqu'à la tribune il se courbe et se dresse à son tour, c'est encore habité par le souvenir de ses humbles tournées…

Il faut Jaurès et Aucouturier.

Il faut Aragon et Croizat.

Il faut Sartre et Billancourt.

Il faut Bourdieu et les cheminots de Saint-Lazare.

«On ne fait pas de politique-histoire, estimait Antonio Gramsci, sans cette passion, c'est-à-dire sans cette connexion sentimentale entre intellectuels et peuple-nation.»

L'écologie n'échappe pas à cette exigence : il nous faut une connexion entre ces deux cœurs…

QUATRIÈME PARTIE

LES DEUX CŒURS

33.

Quand l'emportons-nous, dans notre histoire ? Lorsque les classes populaires se joignent à la «petite bourgeoisie culturelle», aux «éduqués», à la «classe intellectuelle». Et c'est à cette lumière que je relis nos grandes dates.

Qu'est-ce que 1789 ? C'est le peuple des villes qui prend la Bastille, le peuple des champs qui produit la grande peur, et au Parlement la bourgeoisie éclairée, des avocats, des petits propriétaires qui représentent le tiers état. Et c'est ce trait d'union qui rend la Grande Révolution unique, redoutable, peut-être «bourgeoise» dans sa fin, mais «bourgeoise» et «populaire» tout du long : six années de jonctions, de frictions, d'alliances, d'espérances, de rapprochements, de déchirements entre ces classes. Et jamais, de toute façon, jamais, même dans les instants magiques, épiques, jamais les barrières de classe ne tombent, abolies, toujours elles subsistent.

Qu'est-ce que 1936? Ce sont les intellectuels qui refusent le fascisme en France, et les prolétaires qui conquièrent la semaine de quarante heures et les congés payés.

Qu'est-ce que Mai 68? C'est un printemps étudiant et un printemps ouvrier, chacun de leur côté, certes, mais en même temps: voilà sa force, voilà le signe particulier du «Mai 68 français». La limite, en ce soulèvement de joie, c'est que la révolte se déroule dans la rue, mais ne se prolonge nullement dans les urnes.

Qu'est-ce que mai 1981? C'est la même union, mais cette fois dans les urnes et nullement dans la rue, des «deux cœurs sociologiques de la gauche», les intellos et les prolos, ces derniers votant à 74 % pour François Mitterrand au second tour de l'élection présidentielle...

Et c'est l'immense problème, aujourd'hui: ces deux cœurs qui s'ignorent. Qui se tournent le dos. Qui ont divorcé.

34.

Un sondage vient de tomber: «Les Français et le dérèglement climatique». L'«environnement» arrive en tête des préoccupations chez les «CSP + », avec

34 %, et seulement en cinquième position chez les
« CSP – », avec 20 %, loin derrière le pouvoir d'achat…

L'écologie n'est que le symptôme, ici, d'un profond divorce. Qui a éclaté au grand jour le 29 mai
2005. Ce dimanche-là, 79 % des ouvriers votent
« non » au référendum sur le Traité constitutionnel
européen, de même que 81 % des chômeurs et 67 %
des employés. Tandis que 56 % des cadres et 54 %
des enseignants l'approuvent. Et le mouvement des
Gilets jaunes n'est, pour moi, que le prolongement
de cette crise ouverte. À l'automne dernier, « 83 %
des classes populaires » affichaient leur « soutien »
ou leur « sympathie » pour les Gilets jaunes. Contre
56 % des cadres. Au fil des sondages, ce fossé irait
s'agrandissant.

Que se passe-t-il ? Que se passe-t-il depuis mai
1981 ? La « mondialisation » a tracé comme un fil à
couper le beurre entre ses vainqueurs et ses vaincus.

Fracture économique : entre 1984 et 1994, alors
que la France de François Mitterrand optait pour la
modernité, pour une Europe ouverte, durant ces dix
années le revenu des ménages employés ne bouge
pas (0 %). Celui des ouvriers non qualifiés diminue
(– 5 %). Les cadres, eux, ne connaissent pas la même
austérité (+ 13,2 %). Quand les professions libérales
ramassent discrètement le pactole (+ 38,7 %).

Fracture sociale, évidemment. C'est le grand trau-
matisme du chômage, qui triple pour les ouvriers,

atteignant 20 % chez les non-qualifiés, 12 % chez
les qualifiés, toutes les familles populaires touchées,
la fermeture d'usines comme une quasi-routine, et,
pour les plus jeunes, des années d'intérim, de CDD,
de formations comme nouvelle norme d'entrée dans
l'emploi. L'incertitude, l'inquiétude s'installent alors,
une angoisse ordinaire. Pendant que les classes supérieures demeurent plutôt à l'abri, en dessous des 5 %
de chômeurs – du «frictionnel», on dirait.

Fracture géographique, avec des classes populaires éloignées des centres-villes, des métropoles,
aux loyers trop élevés. Reléguées dans ces «périphé-
ries aphones», énonce Christophe Guilluy, «pour les
élites elle[s] n'existe[nt] plus. Cette France populaire,
industrielle et rurale a vécu; au mieux, il s'agit d'une
France minoritaire et vieillie, qui s'accroche encore,
mais qui est condamnée à disparaître. Le problème
est que cette France en voie de disparition est majo-
ritaire». Avec cet éloignement, les ouvriers sont, au
propre comme au figuré, perdus de vue.

Fracture éducative, et c'est peut-être elle qui
prévaut. Avec la «massification des études», note
Emmanuel Todd, avec 20 % du corps social, les
«diplômés du supérieur» forment, désormais, un
groupe suffisant pour «se refermer sur lui-même»,
pour vivre dans un entre-soi, pour se croire la société
tout entière. D'autant que ces éduqués occupent,
dans les partis, dans les médias, dans les mairies,
dans les assemblées, départementales, régionales,

nationales, et parfois même dans les syndicats, ces éduqués occupent toutes les places, classe hégémonique. Et avec cet «inconscient inégalitaire», au fond, jamais prononcé, mais bien présent : l'ordre mondial broie les plus fragiles? On s'apitoie, certes, mais sans agir. C'est de leur faute, au fond. Ils l'ont mérité. Ils n'avaient qu'à mieux étudier, mieux se former.

Ces fractures, qui se superposent, qui se recoupent, conduisent bien sûr à une autre politique. Les «éduqués», sans se faire les chantres d'une «mondialisation heureuse», l'acceptent bon gré mal gré, demeurent fidèles à un centre-gauche/centre-droit «l'État ne peut pas tout». Quand les plus frappés, eux, se rebiffent, rejettent cet ordre mondial, réclament un État protecteur, fût-ce avec le bulletin du désespoir.

Voilà qui, à leur peine sociale, ajoute un stigmate supplémentaire : des «beaufs», des «racistes», des «fachos». Et bientôt, on le sent venir, un troisième stigmate leur sera collé : des «pollueurs», indifférents à la planète…

35.

J'insiste sur ce divorce, parce que c'est notre grand drame et que vous en êtes des acteurs, désormais, partie prenante. Ce piège vous est tendu : «On aura l'air bien malins, dans vingt ans, si on a plus

de pouvoir d'achat, mais qu'on est tous malades!»
lançait le porte-parole du gouvernement, Benjamin
Griveaux, durant les Gilets jaunes. Le voilà écolo, à
vos côtés, au moment opportun. Lorsqu'il s'agit de
s'allier contre les pauvres.

Il nous faut les deux, à nous.

Les deux classes.

Absolument.

On ne vaincra pas les firmes, leurs lobbies, leurs
porte-voix à l'Élysée et à l'Assemblée, sans les deux.
Sans les classes populaires et vous, plus éduqués.
C'est le bloc historique qu'il nous faut souder.
«Une situation prérévolutionnaire éclate, professait
Lénine, lorsque ceux d'en haut ne peuvent plus, ceux
d'en bas ne veulent plus, et ceux du milieu basculent
avec ceux d'en bas.» Toujours, toujours, toujours, il
nous faut chercher les passerelles, bâtir ce lien, ne
pas le déchirer. C'est une tension que je ressens en
moi, dans mon corps parfois, traversé, tiraillé. Tenir
les deux bouts, n'en perdre aucun. Parler aux uns des
autres, et aux autres des uns, des façons de voir le
monde, des raisons de cela.

À Flixecourt, quand un Gilet jaune vous balance :
«La France, dans le monde, c'est que 0,9 % des
émissions de gaz, et y a que nous qui faisons des
efforts?», ne pas opiner. Argumenter. Répliquer :
«Non, nous devons agir : un Français consomme
l'équivalent de trois planètes. Vous avez envie, j'en
suis sûr, de laisser un monde vivable à vos enfants.»

De retour à Paris, quand Léa Salamé me questionne : « Mais le réchauffement climatique, c'est un souci… Et là, vous refusez qu'on taxe l'essence ? », ne pas opiner. Argumenter. Répliquer : « Et pourquoi ça doit passer par des taxes ? Qui pénalisent, forcément, les plus pauvres, alors que les riches émettent huit fois plus de CO_2 ? Les plus modestes consacrent 15 % de leur budget à l'énergie, les plus aisés 5 %. On va aggraver ça. »

C'est un travail, un dur travail.

Non pas diviser la France, ces deux France, mais les rapprocher, les réunir.

À l'échelle de ma ville, même, ces deux Amiens.

36.

« C'était pas le but de notre vie, quand on est nés, quand on a fait des études, d'entrer chez Goodyear, n'empêche que dans le travail, dans la lutte, on a construit des liens, comme une famille, et qui remplace parfois la famille quand des fois ça va pas bien. Et là, avec la fermeture, notre combat le plus dur, c'est après, c'est maintenant, parce qu'on va prendre un sacré coup dans le museau. »

Ce samedi 18 janvier, les Goodyear, leurs femmes et leurs enfants étaient rassemblés devant l'hôtel de ville. Micro en main, Mickael Wamen, le délégué CGT, livrait son chant du cygne après six années de bagarre.

«On est venus ici, à Amiens, pour bien montrer ça : on s'est battus autant qu'on a pu. On a défendu notre peau jusqu'au bout. Nous, au moins, on aura prouvé qu'on en a dans le falzar. Je voulais vous dire ça pour finir, les Goodyear : je vous aime ! »

Ils en chialaient presque, les costauds autour. Les yeux rougis, moi aussi, j'avais pourtant relevé cette phrase : «On est venus ici, à Amiens», comme s'ils y étaient étrangers. De fait, leur lutte s'était cantonnée à leur usine, dans la zone industrielle, avec des montées en car à Paris, au Salon de l'automobile ou au siège français de la firme, à Nanterre, mais seulement de rares incursions dans notre centre-ville. La très grande majorité, d'ailleurs – les deux tiers –, ne logent pas à Amiens, ni même dans la métropole, mais carrément dans les campagnes, à Beauval, à Fouilloy, à Hangest, dans un rayon de trente kilomètres autour de l'usine.

Le cortège, pas vraiment funèbre, mais sombre, s'est ébranlé dans la grande artère piétonne. Cent mètres plus loin à peine, place Gambetta, on tombe sur un autre rassemblement. «Nous sommes tous des femmes espagnoles», déclare un jeune gars dans le mégaphone, redoutant que l'Europe en revienne «au temps de Franco». C'est ici que flottent les drapeaux de l'UNEF, du PCF, des Verts. C'est ici qu'on retrouve nos copains à cheveux plus longs, étudiants sympathisants, jeunes filles pétillantes, éducateurs, enseignants, avec qui, au passage, on échange bises et poignées de main.

«El pueblo unido jamás será vencido», proclame une affiche en grand. Mais, justement, les deux manifestations ne s'unissent pas. Les Goodyear poursuivent leur chemin sans être ralliés, peuple vaincu. Ils passent alors au milieu des chalands qui, de H&M à Naf Naf, de Minelli à Etam, continuent, insouciants, leurs bonnes affaires, soldes obligent.

Dans un tract vite torché, «Pourquoi l'indifférence?», à l'extrême fin du conflit, nous écrivions ceci, embrassant les aspirations vertes, à l'encontre des si souvent entendus : «Mais tant mieux si on ne produit plus de pneus! Tant mieux pour la planète!»

«La faute initiale, les ouvriers de Goodyear l'ont commise le samedi 20 octobre 2007 : "Pour donner un avenir au complexe d'Amiens, acceptez-vous ce projet qui devra être finalisé par un accord avec les représentants du personnel?" Voilà la question que la direction de Goodyear-Dunlop a posée, par référendum. Avec, dedans, un chantage clair : c'était "oui" ou le désastre. Et le directeur menaçait encore plus franchement : "C'est au prix de ce plan que nous pourrons garder des emplois en France." Ce "plan de modernisation" – la régression sociale porte toujours de jolis noms –, ce "plan" prévoyait 450 suppressions de poste, un temps de travail qui augmente, et le passage en 4×8.

Malgré ces intimidations, les salariés ont voté "non". Non à 64 %. Oui à 75 % parmi les cadres – qui n'auraient pas eu à le subir. Non à 75 % parmi les ouvriers.

C'est ce refus qui a précipité la fermeture. Ce refus, présenté comme une honte – "ils ne s'adaptent pas… ils ne veulent pas travailler…" –, nous devrions l'éprouver comme une fierté. Et ce refus devrait redoubler notre solidarité à l'égard de ces voisins.

Car mesurons le paradoxe.

Les machines ont permis, dans les usines de pneumatiques comme ailleurs, d'augmenter la productivité : c'est, au fond, une bonne nouvelle, qu'il faille moins d'hommes ou moins d'heures pour produire autant. La consommation de pneus baisse, un peu, pas énormément, mais un peu, en France : c'est, au fond, une bonne nouvelle pour la planète. Mais de ces deux bonnes nouvelles, le système parvient à faire une très mauvaise nouvelle : la concurrence entre les travailleurs se renforce, entre eux et avec les pays à bas coût, en l'occurrence avec la Pologne, et on les contraint soit à perdre leur gagne-pain, soit à accepter des reculs, à casser encore davantage leur rythme de vie, leur sommeil, leur famille.

Le cas des Goodyear, leur "non" franc et massif, devrait être, pour nous, un point de départ vers autre chose, et qui ne relève pas du rêve : que le progrès technologique, le progrès écologique servent le progrès social. Que, par exemple, si on a besoin de moins de pneus, et de moins de temps pour les produire, les ouvriers travaillent deux ou trois heures de moins, ou encore que cesse cette aberration, le travail de nuit.

C'est une question essentielle que les Goodyear posent à chacun : quelle société voulons-nous ? »

Au fond, très au fond, cette histoire portait en germe une lutte anti-productiviste. Encore fallait-il en dégager le sens à peine caché, le faire éclore, s'épanouir. Et, alors, ce combat « catégoriel », « corporatiste » – car oui, pour les ouvriers, il s'agissait d'abord de ne perdre ni leur santé *à eux* ni leur boulot *à eux* –, aurait pris une valeur plus universelle, plus politique.

Honnêtement, je me demandais comment ce machin, anti-productiviste, serait reçu par les ouvriers eux-mêmes, et par la CGT-Goodyear, si on nous renverrait notre papelard à la gueule… Mais c'est l'inverse qui s'est produit. Les travailleurs l'ont lu en détail et, durant toute une semaine, ils ont eux-mêmes distribué le papier, ils l'ont photocopié comme s'il émanait de leurs rangs, ils l'ont diffusé dans leurs rassemblements.

Ça m'a ému, et ça m'a attristé.

Parce que ça venait trop tard.

Parce que nous avions loupé le coche.

Parce que, par timidité, par fatigue, nous n'avions pas rempli notre rôle, disons-le, d'intellectuels : replacer cette lutte dans un contexte, offrir un regard plus large, en faire un « enjeu de société », bref, lui donner un sens qui échappe parfois à la conscience des acteurs eux-mêmes, et, par là, par ces débats, par ces controverses, rallier des fractions de l'opinion, des Attac, des Verts, des socialistes authentiques, des étudiants à cheveux longs, toute une classe éduquée. On se serait mobilisés non plus pour les Goodyear, par altruisme, par compassion, mais pour nous, pour nous à travers eux, parce qu'ils nous auraient représentés, parce qu'ils auraient incarné l'avenir que nous désirons à tâtons, et celui que nous rejetons. Tout comme des Picards, des Alsaciens, des Lyonnais se mobilisent à Notre-Dame-des-Landes non pour préserver le bocage nantais en lui-même, mais parce qu'il incarne un avenir que nous désirons à tâtons, et un autre que nous rejetons.

Le sort de Goodyear en eût-il été changé? J'en doute. Mais cette lutte aurait agité et ranimé les esprits, rapproché classes ouvrière et intermédiaire, combiné rouge et vert, semé des espérances pour la suite, bref, marqué un pas politique en avant – quand elle ne restera dans l'histoire sociale que comme un combat défensif, d'arrière-garde, un bastion prolétaire, un de plus, qui a fait de la résistance, une étonnante résistance, sept années, mais sans alliance, citadelle finalement prise d'assaut.

Donner un sens à la lutte, c'est aussi la lutte.

37.

Je ne loupe plus le coche, désormais.
Je saute, au contraire, sur les occasions.

Fin juin, en plein Paris, au ministère des Transports, se déroulait une manif pour le «train des primeurs Perpignan-Rungis». Depuis le XIXe siècle, le ventre de Paris est approvisionné en fruits par rail, mais en notre siècle vert vingt mille camions par an vont remplacer les wagons. J'arrive, donc. Je ne vois flotter que des drapeaux rouges de la CGT. «Mais où sont les assos écolos? je demande à mon copain cheminot, Thomas Portes. Vous en avez causé à Greenpeace, à la Fondation Nicolas Hulot, à France Nature Environnement?

– J'aurais bien aimé, il me répond, mais on n'a pas les contacts.»

Le lundi suivant, à l'Assemblée, on reçoit une délégation de General Electric Belfort, menacée d'un millier de licenciements. «On fabrique des turbines à gaz, ils m'expliquent, et c'est très utile pour la transition énergétique: ça permet de lisser la production quand les éoliennes ou le solaire sont dans le creux.

– Vous en avez causé à Greenpeace, à la Fondation Nicolas Hulot, à France Nature Environnement?

– On aurait bien aimé, ils me répondent, mais on n'a pas les contacts.»

Et le mercredi d'après, à la cafétéria du 101, rue de l'Université, je reçois un délégué de Verallia, une verrerie, «leader mondial sur le marché des vins». «On fabrique des bouteilles de verre, il me raconte, et jusqu'ici nos usines se trouvent à cent, cent cinquante kilomètres des vignobles, deux en

Champagne, dans le Bordelais, dans le Beaujolais, une près de Saumur… Mais avec l'entrée en bourse, le directeur nous a prévenus : "Si vous n'êtes pas contents, on installe un grand site en Espagne."

– Donc, ça veut dire que des camions de bouteilles vides traverseraient les Pyrénées ?

– Voilà.

– Vous en avez causé à Greenpeace, à la Fondation Nicolas Hulot, à France Nature Environnement ?

– On aurait bien aimé, il me répond, mais on n'a pas les contacts. »

Je joue les marieurs, les entremetteurs.

À Montpellier, d'ailleurs, après mon échange dans le bar, près de la gare, avec Tim et Sarah, je me suis rendu à la Paillade, un quartier populaire. Dans un salon de thé m'attendaient les « mamans en colère », Nadia, Sonia, Jody, Fatima, Leïla, Samira, des « mamans en colère » contre leur bailleur social, Erilia.

« En janvier, chez moi, le thermomètre est descendu à 16 °C. Les radiateurs ne fonctionnent pas.

– Une fois, Amel me reçoit chez elle, elle était en anorak. Elle le porte même la nuit !

– Nos enfants, en permanence, ils souffrent de bronchiolites, de rhinites, de bronchites, ils font de l'asthme, toujours chez le médecin, à l'hôpital…

– Alors, on a déboulé devant la Sécu de l'Hérault, à une douzaine, avec des stéthoscopes et des blouses blanches. "Y a un virus qui traîne chez nous, on leur

a dit, qui touche nos gamins, c'est le virus Erilia!"
Les employés de la Sécu étaient étonnés : "Mais…
Alors… Pourquoi vous êtes là? On n'est pas Erilia!"
On leur a expliqué : "Ça a un coût pour la Sécu, tout
ça, nos enfants qui tombent malades. Alors, on a
chiffré la somme de tous les médicaments, de toutes
les consultations, et on veut l'envoyer à Erilia! C'est
à eux de rembourser!" Mais en ce moment, c'est
l'inverse : la chaleur complet, on dépasse les 35 °C.»
Je suis monté dans l'appartement de Fatima, c'était
un sauna en ce mois de juillet. Ses fils, dans la
chambre du fond, malgré les volets fermés, dégou-
linaient de sueur. «Bientôt, l'été, il fera la température du bled!» Je les ai encouragées : «Venez! Venez
ce soir!»

Elles se sont donc rendues à notre petit meeting,
devant la fac de médecine, dans une allée arborée.
Des Gilets jaunes s'y trouvaient. Tim et Sarah également. «En finir avec les passoires thermiques,
j'ai argumenté en guise de présentation, c'est une
mesure sociale, évidemment, avec les factures qui
diminuent. C'est une mesure de santé publique. Mais
c'est surtout une mesure écologique, avec moins de
gaz, moins de fioul, moins d'électricité consommés,
moins de CO_2 rejeté.» Pour la première fois, eux se
parlaient, se rencontraient, et dans les mots de Tim –
«ah bah justement, on voulait discuter avec les habitants des cités» –, j'ai senti un désir sincère, un peu
gêné, un peu maladroit.

Le soir, je suis rentré à l'hôtel payé par France Culture. «La clim est mise sur la puissance 2, m'a informé l'hôtesse. Mais cette nuit, je vous conseille de la mettre sur 1. Ça maintient la température sans faire de bruit.» Même ça, j'ai songé, même la chaleur n'est pas la même pour les riches et pour les pauvres…

38.

«Le droit du travail et la protection de l'environnement sont devenus excessifs dans la plupart des pays développés. Le libre-échange va réprimer certains de ces excès en obligeant chacun à rester concurrentiel face aux importations des pays en voie de développement.»

C'est en août 1993, dans *Business Week*, que le libéral Gary Becker, prix Nobel d'économie, livre cette analyse, cette espérance. On dirait presque : cet aveu. Le moment me paraît clé, de bascule : cette année-là, chez nous, avec Maastricht, était fondée l'Union européenne, le continent s'unifiait en régime de libre-échange. Simultanément, outre-Atlantique, l'ALENA, Accord de libre-échange nord-américain, était signé entre les États-Unis, le Canada et le Mexique. Et l'année suivante, en avril 1994, s'achèverait l'Uruguay Round : les accords de Marrakech feraient rentrer dans la folle farandole du libre-échange les télécommunications, les services financiers et surtout l'agriculture. Autant de traités qui nous étaient vendus, à nous, avec des paillettes, au nom de la «prospérité», de la «paix», du «multiculturalisme», de l'«amitié» entre les peuples. Quand les élites, elles, avancent avec clairvoyance, sans flonflons, droit au but, vers leurs intérêts : faire baisser «le droit du travail et la protection de l'environnement», les «réprimer» grâce au «libre-échange», grâce aux «importations», grâce aux «pays en voie de développement». Et il me semble intéressant que, d'emblée, avec lucidité, Gary Becker ait lié les deux, «travail» et «environnement».

Au cours de la même période, d'ailleurs, Lawrence Summers, alors économiste en chef à la Banque mondiale, confiait dans une note interne : «Juste entre vous et moi, la Banque mondiale ne devrait-elle pas encourager davantage la migration des industries sales vers les pays moins développés ? La logique économique derrière le déchargement des déchets toxiques dans les pays aux salaires les plus bas est irréprochable, et nous devons la regarder en face.» Cette note de service était intitulée «Good environmental practices», «Bonnes pratiques environnementales»…

Alors, je lance ce pari : qu'à la place de nous diviser l'écologie nous unisse. Qu'elle rapproche rouges et verts. Qu'elle allie classes populaires et éduquées. Qu'elle rompe la molle «indifférence».

Jusqu'ici, les ouvriers ont pris la mondialisation comme un uppercut, droit dans la tronche, et je ne veux pas dresser la liste des Whirlpool, Magneti Marelli, Continental, Parisot Sièges de France, Honeywell, Flodor, etc. Eux réclamaient une protection, mais ils étaient seuls. Réchauffement aidant, voilà que Nicolas Hulot se joint à eux: «Le libre-échange est à l'origine de toutes les problématiques écologiques. L'amplifier ne fait qu'aggraver la situation. Il faudra d'ailleurs comprendre un jour qu'une des premières obligations va être de relocaliser tout ou partie de nos économies.» Avec lui, cadres, enseignants, médecins, et vous, leurs enfants, n'allez-vous pas la trouver absurde, dangereuse, mortelle, cette valse des camions à travers l'Europe qui fait produire des lave-linges en Slovaquie et des sèche-linge en Pologne pour mieux les expédier en France, en Belgique, en Hollande? La «relocalisation» ne vaudra-t-elle que pour quelques kilos de courgettes et de potimarrons? Et ce trafic maritime, multiplié par cinquante en cinquante ans, doit-il encore «s'intensifier», comme le prévoit l'Organisation mondiale du commerce, le grand déménagement du monde s'accélérer? Pour que les Canadiens nous envoient leurs biftecks et que nous adressions les nôtres aux Chinois?

L'heure a sonné, j'espère, d'un front commun.

D'un front des communs.

CINQUIÈME PARTIE

LA VIE EN VERT

39.

Cette après-midi, nous avons voté la ratification du CETA, et bizarrement, la nuit portant conseil, je regarde désormais ce scrutin non comme une défaite, mais comme une victoire. Presque comme une bonne nouvelle.

Quelle est la colonne vertébrale du président Emmanuel Macron, son ADN? C'est le libre-échange, un dogme pour lui et les siens. Or l'accord porte, là, sur un pays développé, en partie francophone, ressenti comme proche, le Canada. Et pourtant, quel fut le résultat? 266 «pour», 213 «contre». La gauche a voté contre, unanimement. La droite a voté contre, massivement. Et la majorité elle-même s'est fissurée. Qu'en sera-t-il, alors, avec le Mercosur, le Brésil, le Mexique, l'Argentine? Ou avec le Vietnam? «C'est le dernier», comme me l'a murmuré un collègue socialiste en sortant de l'hémicycle. C'est le dernier, du moins, qui passe par l'Assemblée : l'Élysée peut toujours la contourner, tout comme le référendum est déjà évité.

Ils sont minoritaires, et ils le savent.

Ils ont les travailleurs contre eux.

Ils ont les agriculteurs contre eux.

Ils ont les écologistes contre eux.

Ils ont la société contre eux.

Leur monde est usé, fini, au moins dans les esprits.

« Concurrence », « croissance », « compétition », « libre-échange », « mondialisation »… Dans les années 1980, les années fric, les années Tapie, ces mots suscitaient l'enthousiasme. Ils entraînaient la société. La France regardait, subjuguée, vers l'« *America is back* » de Reagan. Mais, aujourd'hui, à qui ces mots font-ils encore envie ? Ils éveillent au mieux un fatalisme, plus souvent une angoisse, une inquiétude, un rejet. Le pouvoir lui-même, d'ailleurs, en a pris conscience. Depuis les Gilets jaunes, je l'ai noté, j'ai compté les occurrences (à la fac, j'ai suivi un cursus de linguistique), le président de la République, le Premier ministre, dans leurs discours, ne prononcent plus ces mots, si fréquents auparavant. Plus de « concurrence », plus de « mondialisation », peu de « croissance ». Il leur faut maintenir le cap, certes, mais sans le dire.

C'est une langue morte, désormais.

Que s'est-il produit? Un phénomène souterrain, silencieux, et néanmoins primordial: lentement, mais massivement, les gens se sont «détachés de l'idéologie dominante». C'est à Antonio Gramsci que j'emprunte cette expression, et l'on croirait qu'il nous parle depuis sa prison italienne des années 1920 : «La crise moderne est liée à ce que l'on appelle "crise d'autorité". Si la classe dominante a perdu le consentement, c'est-à-dire si elle n'est plus "diri-geante", mais seulement "dominante", et seule-ment détentrice d'une pure force de coercition, cela signifie précisément que les grandes masses se sont détachées des idéologies traditionnelles, qu'elles ne croient plus à ce en quoi elles croyaient auparavant.»

Ne peint-il pas notre France qui, chaque samedi, d'un «acte» au suivant, durant tout un hiver jaune, a compté ses blessés, ses mutilés, crânes fendus, mains arrachées, éclats de grenade dans le front, dans les bras, dans les jambes? Toute une France qui ne consent plus à l'idéologie traditionnelle, qui s'en détache, qui ne laisse au pouvoir que la «coercition»?

C'est notre chance, ce «détachement».

Ces mots usés.

Ce monde qui n'en finit plus de finir.

Et c'est là que vous entrez en scène, quelle aubaine: en ce nouveau moment clé, de bascule, où l'histoire peut à nouveau s'écrire, se renverser. Pour que la fin de leur monde ne soit pas la fin du monde. Pour que leur Moloch ne détruise pas la vie. Pour, aussi, que le bonheur, et le progrès, ne deviennent pas des idées mortes.

40.

Continents «en concurrence», agricultures «en concurrence», régions «en concurrence», villes «en concurrence», entreprises évidemment «en concurrence», mais aussi universités «en concurrence», chemins de fer «en concurrence», hommes «en concurrence»… «Concurrence» citée 96 fois dans le CETA, «concurrence» qui revient à 85 reprises dans le «nouveau pacte ferroviaire», contre zéro fois «climat», ou «biodiversité», ou «réchauffement». Une obsession étouffante. Aussi la lecture de *L'Entraide*, de Pablo Servigne et Gauthier Chapelle, deux biologistes qui poursuivent l'œuvre de Darwin, l'œuvre de Kropotkine, aussi leur essai m'a-t-il apporté comme une bouffée d'oxygène.

FRANÇOIS RUFFIN : Cette compétition, ils en font une «loi de l'économie», qui découlerait en fait d'une «loi de la nature» : le chacun pour soi, la lutte de tous contre tous, l'égoïsme érigé en règle. C'est l'idéologie de l'époque, elle coule de toutes les bouches, et du coup, face à ça, je me retrouve désarmé, découragé :

que répliquer ? Et là, on ouvre votre livre, et ça rouvre l'imaginaire, comme une fenêtre, on prend un grand bol d'air ! Toi, tu viens dire : la nature, c'est la coopération ! La première loi de la jungle, c'est l'entraide ! Tu renverses complètement la table.

Pablo Servigne : C'est les deux ! Mais la coopération prend une place extrêmement importante.

On pourrait prendre mille exemples, chez les abeilles bien sûr, les étourneaux, mais aussi le mutualisme entre les anémones de mer et des escargots, entre des récifs coralliens et les poissons-clowns, etc. Mais à multiplier les histoires, comme ça, à peindre le tableau par petites touches, on ne saisit pas l'ampleur de la chose. On peut encore croire que c'est anecdotique.

Mais tiens, respire ! Eh bien, la respiration, elle est issue d'une fusion bactérienne ancestrale. C'est une association. Et que font nos cellules ? Elles collaborent pour former un organisme, avec une division du travail. Notre corps ne peut pas vivre sans microbiotes. Pour l'air, l'eau, les nutriments, nous dépendons d'une infinité d'espèces vivantes. Et nous, êtres vivants, jamais on ne survivrait sans les autres, sans la famille, sans la société. À tous les échelons, il y a entraide, coopération.

Prends la forêt. Quel est le récit qui domine ? Qui a cours depuis des décennies ? On nous raconte que chaque arbre joue des coudes, que c'est la compétition généralisée, l'arène des gladiateurs feuillus, pour accéder à la lumière, aux minéraux. En fait, non, il y a plein d'entraide! Les arbres sont connectés par des champignons, les mycorhizes. Donc, déjà, il y a une entraide entre arbres et champignons: les champignons apportent à l'arbre de l'eau, des nutriments, et lui, il fournit des sucres aux champignons, de l'énergie. C'est une symbiose, une symbiose géniale, qui a permis d'interconnecter tous les arbres. Un auteur allemand, Peter Wohlleben, appelle ça le «Wood Wide Web». L'entraide appelle l'entraide, c'est un des grands principes. Dans un bois, tu as de vieux arbres, immenses, qui ont leur vie derrière eux, qui ont accès au soleil, et tu as les jeunes pousses qui galèrent. Eh bien, les grands arbres transmettent des sucres aux jeunes arbres. Ce sont les allocations familiales! Ils se transfèrent des sucres, des minéraux, entre espèces: un sapin transfère des sucres à un bouleau malade qui galère à l'ombre. C'est la Sécurité sociale, des millions d'années avant nous!

L'entraide est un facteur d'innovation dans le vivant, dans son évolution, depuis 3,8 milliards d'années: les plus coopératifs survivent. Ça n'est pas un petit fait divers, c'est le phénomène massif. L'autre loi de la jungle, la compétition, elle existe, bien sûr, mais plutôt ponctuellement. Pourquoi? Parce qu'elle est source de stress, elle est épuisante, dangereuse, elle coûte aux espèces…

F.R. : Je voudrais qu'on en vienne à la nature humaine. Sommes-nous naturellement portés à la coopération ? Ou à la compétition ?

P.S. : Les deux. Mais on est une des espèces les plus sociales du monde vivant ! On est câblés pour ça, cognitivement, avec les hormones et tout. Et c'est logique : à la naissance, on est un petit primate imberbe, complètement handicapé, on ne peut pas courir, même pas marcher, pas bouger. Tout seul, on est bouffé par le premier prédateur venu. Si on n'a pas maman, papa, oncle, tante, grand-père, si on n'a pas le clan, s'il n'y a pas d'empathie, une protection du petit, on crève illico. Nous sommes faibles, dans la nature, et il a fallu des stratégies sociales, pour la chasse, pour la cueillette, pour le soin aux enfants… C'est ça qui nous sauve. Notre force, c'est le groupe.

F.R. : Tu décris un paradoxe : c'est notre fragilité individuelle, notamment à la naissance, qui a produit des sociétés puissantes.

P.S. : Oui, il fallait ça à l'espèce pour survivre, pour être sélectionnée. Et pour boucler le paradoxe, aujourd'hui, c'est notre ultra-puissance qui nous rend vulnérables ! C'est beau, quand même, non ? [Rires. Rires face à l'effondrement qui se prépare, face à l'abîme qui nous attend.] Mais c'est vraiment ça : on est hyper-vulnérables, un animal ridicule. Sauf qu'on a la communauté. On est programmés pour ça. On est entourés de ça.

Dès qu'il y a danger, d'ailleurs, on le voit : les liens se resserrent. L'animal humain se sent nu, il vient chercher la chaleur chez les autres. Le psychologue Jacques Lecomte l'a très bien étudié dans son ouvrage *La Bonté humaine.* Lors d'ouragans, de tsunamis, d'attaques terroristes, etc., à chaque fois, plus on va vers l'épicentre de la catastrophe, plus on observe des comportements d'altruisme, d'auto-organisation. Ça va complètement à l'opposé de notre mythologie hollywoodienne, les films de zombies, où les autres sont des ennemis potentiels.

F.R. : Oui, j'ai pensé à toi, cette semaine. Mardi matin à la radio, j'entends qu'il y a des chutes de neige du côté de Saint-Étienne, que des automobilistes se retrouvent bloqués sur les routes, ont dormi dans leur voiture, d'autres dans des gymnases... Et une dame interrogée dit au micro : « Ce qu'il y a de bien, dans ces moments durs, c'est que ça fait sortir la solidarité. » Texto.

P.S. : Oui, que les humains trichent, volent, mentent, tuent, avec constance, avec insistance, on nous le répète tous les jours aux infos. Mais qui croirait qu'ils s'entraident, qu'ils se sacrifient avec autant d'acharnement, sinon plus ? Aider l'autre spontanément, ça nous paraît aujourd'hui merveilleux, voire suspect! Et pourtant, c'est fréquent, c'est presque la norme…

F.R. : Mais pourquoi, alors, à nouveau, on ne le voit pas? «L'homme est un loup pour l'homme», ça paraît réaliste. Tandis que prôner la solidarité, c'est passer pour un doux rêveur, un rousseauiste, un gentil pacifiste…

P.S. : Encore une fois, il y a la couche culturelle. Depuis 70 000 ans, on se raconte des histoires, et on y croit à mort. Depuis quatre siècles, notre récit, c'est : «L'homme est rationnel et égoïste», même s'il n'est ni rationnel ni égoïste. En tout cas, il n'est pas que ça.

Ensuite, on vit en milieu d'abondance. Ici, dans les pays industrialisés, on est globalement très riche. On peut se permettre d'être individualiste, égoïste. Pourquoi? Grâce au pétrole. On en consomme tous énormément, pour nous nourrir, nous déplacer, nous instruire, nous chauffer, etc. Nous, les Européens moyens, c'est comme si on disposait de cinq cents esclaves énergétiques. On est tous des pharaons : toi, cinq cents esclaves! Moi, cinq cents esclaves! Elle, cinq cents esclaves! On est très nombreux dans cette salle, en fait! On est hyper-riches, et on peut se permettre de dire à notre voisin : «Je n'ai pas besoin de toi. J'ai des esclaves énergétiques, je m'en fous, je peux manger sans toi.» C'est comme pour les tropiques de Darwin : en milieu d'abondance, une culture de l'égoïsme peut émerger. Depuis des décennies, on a poussé dans cette direction à fond. Mais en milieu de pénurie, comme dans la Sibérie de Kropotkine, les solidarités se renforcent.

F.R. : Ça me fait penser à une anecdote, un peu paradoxale. Durant la deuxième guerre mondiale, en Angleterre, l'espérance de vie a fait un bond de six ou sept ans, autant chez les hommes que chez les femmes. Grâce au rationnement, la situation nutritionnelle s'est améliorée ! Le « pouvoir d'achat » a baissé, dans l'ensemble, mais il a nettement augmenté pour la classe ouvrière, de 9 % il me semble. Le taux de pauvreté a été divisé par deux ! L'effort de guerre a renforcé, comme on causerait aujourd'hui, la « cohésion sociale », la fraternité, la « décence commune », comme dirait Orwell, et les taux de criminalité ont également chuté. À la limite, pour l'effondrement à venir, ça peut donner de l'espoir…

P.S. : Ou pas. Ou pas.

L'être humain sait gérer des pénuries, certes, et ça depuis des centaines de milliers d'années. Un gros souci, à mon avis, c'est d'entrer dans ces temps de turbulence avec la culture de l'égoïsme. Brutalement. Là, ça fait l'« effet Nutella » dans les supermarchés, ça fait les pillages, etc. Là, c'est dangereux. Et notre pari, avec ce livre, c'est de donner des outils avant les tempêtes, de développer dès maintenant une culture de l'altruisme, ou au moins d'apprendre à marcher sur nos deux jambes. C'est comme le yin et le yang, tu vois : compétition, coopération. Et de redevenir compétents en entraide.

Tu as fait une proposition de loi sur le burn-out, et moi je lie les deux : ce climat de compétition généralisée, entre entreprises, mais entre individus aussi, entre régions, entre pays, entre peuples, ça contribue à un épuisement généralisé. Les habitants de nos sociétés en souffrent. Et ça appelle, il me semble, en retour, un immense besoin d'apaisement, de protection, de sécurité.

41.

« Quelles sont vos ambitions pour la 5G et quel est l'horizon de déploiement de cette technologie très attendue par nos citoyens et nos entreprises ? »

On a longtemps attendu le retour du Christ, ou Godot, mais voici notre grande « attente », notre nouvelle espérance, d'après mes collègues députés : la 5G. En commission des affaires économiques, le secrétaire d'État au Numérique nous la vante comme le Messie : « Le financement de la 5G sur 100 % du territoire est un enjeu majeur de compétitivité face aux autres continents… La Commission a alerté les États membres : ils doivent tous s'engager dans cette démarche afin de faire de l'Europe un champion mondial des réseaux 5G… Si la France et l'Europe parviennent à équiper leurs territoires et à atteindre un bon niveau en 5G, ce sera pour notre continent un atout de compétitivité énorme… La société du gigabit sera atteinte avec la fibre optique et un réseau 5G performant sur l'ensemble du territoire… Cela nous donnera un sacré temps d'avance ou, en tout cas, nous enlèvera un sacré temps de retard sur beaucoup de pays… Il faut que nos Jeux olympiques soient également exemplaires dans le domaine de la 5G en 2024… » Un collègue centriste a rebondi : « Je devrais peut-être aussi vous remercier de nous faire rêver en parlant de 5G… »

Mais qui cette « 5G », avec son cortège de « compétitivité », de « champion mondial des réseaux », de « société du gigabit », de « temps d'avance » contre « temps de retard », qui cette 5G fait-elle encore rêver ?

Comme l'écrit Dominique Bourg : « On comprendra aisément que l'adduction d'eau, l'électricité, le chauffage central, l'accroissement des surfaces d'habitation, les machines à laver linge et vaisselle, la chaîne du froid, une forme de mobilité aient débouché sur une augmentation réelle et tangible de notre bien-être. Mais ces améliorations fondamentales et qualitatives ne peuvent avoir lieu qu'une fois. La simple accumulation indifférenciée de biens matériels ne saurait suffire à elle seule à augmenter notre sentiment de bien-être. »

Ce n'est plus ça, le «progrès», ni la 5G ni les frigos bientôt «connectés». Et, sans avoir lu Dominique Bourg, les gens le sentent, éprouvent cette usure.

42.

«C'est le bon moment pour donner un nouvel élan à notre croissance.» En commission toujours, le ministre de l'Économie présente la loi PACTE, Plan d'action pour la croissance et la transformation des entreprises, qui privatise le gaz, avec Engie, le loto, avec la Française des Jeux, et Aéroports de Paris. Bruno Le Maire fait assaut d'originalité : «C'est le bon moment pour renforcer la croissance… C'est le bon moment pour libérer la croissance… C'est le bon moment pour lever les obstacles à la croissance… C'est le bon moment pour activer un levier de croissance.»

Quelle rhétorique inédite, franchement neuve! J'étais dans le ventre de ma mère quand, il y a plus de quarante ans, Valéry Giscard d'Estaing promettait déjà : «Les derniers indices font apparaître la reprise d'une certaine croissance.» Et, depuis, de François Mitterrand à Jacques Chirac, de Nicolas Sarkozy à Emmanuel Macron, tous se sont évertués à «libérer les forces de croissance». Quatre décennies d'incantations, de prières, de vaudou, d'un très vieux monde qui radote : «Croissance! Croissance! Croissance!»

Et pourtant, la croissance ne fait plus le bonheur. Un graphique de l'Organisation des Nations unies le montre bien.

Figure 1. Ce n'est que lors des premières étapes de développement économique que l'espérance de vie augmente.

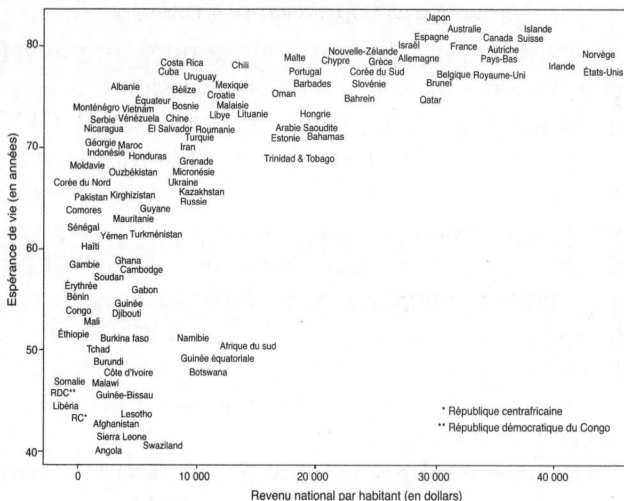

Que nous dit-il ? Que dans les premières phases du développement la richesse apporte en effet un supplément de bien-être, avec une alimentation plus calorique, de meilleurs soins, de l'éducation : l'espérance de vie s'élève très rapidement. C'est vrai dans les pays pauvres. Mais ensuite, plus le niveau de vie augmente, plus le lien entre revenu et espérance de vie s'atténue. Il finit par disparaître entièrement : à partir d'environ 25 000 dollars par habitant, la courbe ascendante devient horizontale.

Faisons maintenant un zoom sur les pays les plus riches.

Figure 2. L'espérance de vie n'a aucun rapport avec les écarts de revenus moyens entre pays riches.

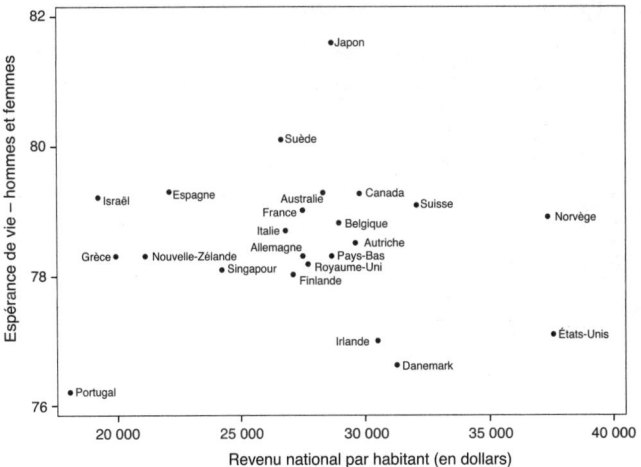

Que remarque-t-on ? Eh bien, justement, rien ! Dans les pays les plus riches, il n'y a plus de lien entre le niveau de richesse et l'espérance de vie. Les nations se trouvent distribuées de façon aléatoire : les États-Unis, le pays le plus riche, ont une espérance de vie inférieure à celles de l'Espagne ou de la Nouvelle-Zélande, et même des pays où le revenu par habitant est presque deux fois moindre !

Cela signifie une chose simple et essentielle : la croissance ne fait plus le bonheur. D'ailleurs, depuis quarante ans qu'on nous répète « crise-croissance, crise-croissance », autrement dit depuis le milieu des années 1970, le revenu par habitant en France a quasiment doublé. Mais pour le taux de bonheur, cela n'a rien à voir ! Il stagne. Les deux courbes sont disjointes.

Figure 3. Revenu national brut et satisfaction générale.

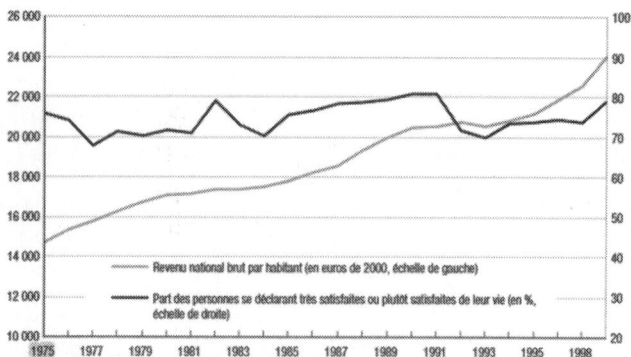

Source : Insee et Eurobaromètres.

Les gens n'ont pas étudié le graphique de l'ONU, mais, d'instinct, ils le sentent, le ressentent, désormais, ce leurre de la croissance. Ils n'y croient plus. Ne croient plus qu'elle les rendra heureux.

Comme l'énonce l'épidémiologiste anglais Richard Wilkinson : « C'est la fin d'une époque. Jusqu'ici, pour améliorer notre condition, il y avait une réponse qui marchait : produire plus de richesses. Nous avons passé un certain seuil, et ce lien est désormais rompu. C'était un schéma prévisible : si notre estomac crie famine, manger du pain est le soulagement ultime. Mais une fois notre estomac rassasié, disposer de nombreux autres pains ne nous aide pas particulièrement…

Nous sommes la première génération à devoir répondre de façon plus novatrice à cette question : comment apporter de nouvelles améliorations à la qualité réelle de la vie humaine ? Vers quoi nous tourner, si ce n'est plus vers la croissance économique ? »

43.

Pourquoi, alors, les « élites obscurcissantes » s'accrochent-elles à cette croissance ? Pourquoi marteler ce dogme ? Pour les puissants, la croissance remplit une fonction, un rôle idéologique. Que proclame, par exemple, le président de la République ? « Sans croissance, théorise-t-il, il n'y a aucune chance d'avoir de la redistribution. » C'est un sédatif. C'est une camisole rhétorique. Qui vient dire aux Français : « Prenez patience, votre sort va s'améliorer, mais attendez d'abord la croissance. » Alors que, bien sûr, on peut redistribuer. On peut redistribuer tout de suite. Et on peut redistribuer massivement. Devant nous se trouve un gâteau énorme, gigantesque : 2 300 milliards d'euros. Voilà le PIB de la France. Deux mille trois cents milliards d'euros ! Une richesse jamais atteinte ! Il y a de quoi déguster pour tout le monde, et même largement. Partageons ! Mais ce mot, partage, leur fait horreur. Partager : c'est pour les riches, depuis toujours, un cri d'effroi. Leur raisonnement, alors, seriné depuis quarante ans, se résume ainsi : on va faire grossir le gâteau, comme ça les pauvres auront plus de miettes, les riches auront un plus gros morceau, et tout le monde sera content.

C'est une escroquerie.

Un économiste l'a d'ailleurs dit très clairement : « Il est un mythe savamment entretenu par les économistes libéraux, selon lequel la croissance réduit l'inégalité. Cet argument permettant de reporter "à plus tard" toute revendication redistributive est une escroquerie intellectuelle sans fondement. » Qui formulait cette brillante analyse ? Qui disait : n'attendez pas la croissance pour redistribuer ? Jacques Attali ! Le Jacques Attali de 1973… Depuis, il a présidé la Commission nationale pour la libération de la croissance française et répandu à son tour cette « escroquerie intellectuelle sans fondement ».

Mais l'escroquerie tourne aujourd'hui à la tragédie : nous n'avons qu'une seule planète. Eux auront beau habiller leur « croissance » de tous les adjectifs du monde, « verte », « durable », « soutenable », à qui

feront-ils avaler que l'on va produire plus et polluer
moins ? C'est du baratin greenwashé. C'est du verdis-
sement lexical. La vérité, c'est que le gâteau PIB est
aujourd'hui truffé de substances toxiques, bourré de
glyphosate, pourri de plastique, et qu'il ne fait plus
tellement saliver.

Consommer moins, répartir mieux : tel doit devenir
notre adage. Consommer moins, répartir mieux : le
vert et le rouge, l'écologique et le social. Consommer
moins, répartir mieux, tout de suite, maintenant.
Consommer moins, répartir mieux, à commencer
par les plus riches, bien sûr. Et cet adage, je le martèle
pour qu'il entre dans nos crânes, pour qu'il devienne
une nouvelle évidence.

44.

C'est une camisole, cette croissance. C'est une
camisole pour la politique et c'est une camisole pour
l'imaginaire : tant qu'on espère la croissance, on ne
porte aucune autre espérance. On prie, à genoux,
en cadence, pour un monde révolu, alors que bien
mieux s'ouvre à nous. Un avenir pas seulement
vivable, mais désirable nous tend les bras, bien plus
plaisant que leur monde rabougri et ridé.

Et les entrailles du pays grouillent de ça, d'un désir
d'« autre chose », « autre chose » que cet économisme

étroit, «autre chose» que la concurrence mille fois
ressassée, «autre chose» que la croissance comme
but sur terre, «autre chose» que le ciel bas et lourd
de la finance qui pèse sur nos cœurs comme un couvercle, «autre chose» d'encore obscur, confus…

Quel est le sens de l'existence? «Travailler plus pour
produire plus pour gagner plus pour consommer
plus pour travailler plus pour…», comme un hamster
dans sa cage, quel est le sens de ça? Jusqu'au burn-
out, jusqu'à se cramer, société de consommation
qui devient de consomption, et à la consommation-
consomption de la planète, brûlée, calcinée, répond
la consommation-consomption des humains? C'est
un non-sens. Le doute s'est installé dans les têtes. Et
cette absurdité conduit à une crise mentale, sociale.

Alors, quel est le sens?

On le sait, désormais, c'est prouvé: le progrès, le
mieux-vivre, le rab de bonheur naîtront des relations,
de la qualité des relations, que nous entretiendrons
avec nos voisins, nos collègues, nos cousins.

«L'amitié nous maintient en forme, relève Richard
Wilkinson. Cent cinquante études différentes l'ont
démontré: avoir des amis, pour l'espérance de vie,
c'est au moins aussi important que de fumer ou non.
Par exemple, on a mis des gouttes dans le nez à des
volontaires avec dedans le virus du rhume. Les gens
qui ont peu d'amis ont quatre fois plus de chances
de l'attraper, à âge égal, sexe équivalent, etc. Ou

encore, on fait des petites blessures sur le dos de la main à des volontaires, et on mesure à quelle vitesse vous guérissez : si vous avez des mauvaises relations avec votre compagne, ou votre compagnon, vous allez guérir plus lentement. Pourquoi ? Parce que les amis, ou votre compagne, vous offrent un sentiment de confort. Ils vous connaissent, ils vous apprécient, ils vous acceptent comme vous êtes, vous n'allez pas être jugé par eux. Bref, allégé de cette menace d'évaluation sociale, sans inquiétude sur votre perte de statut, vous disposez de davantage d'énergie pour vos défenses immunitaires.

Aujourd'hui, toute la vie communautaire est affectée par les inégalités, elle en est malade. Là encore, les études convergent : dans les pays inégalitaires, la confiance dans les autres disparaît. Plus les inégalités sont fortes, plus la défiance l'emporte, l'engagement dans la communauté décline, tout comme la réciprocité, l'envie d'aider les autres. On doit d'abord prendre soin de soi-même, se débrouiller pour arracher sa part du gâteau.

Les premiers socialistes l'avaient bien deviné : l'inégalité matérielle entrave l'harmonie humaine, une camaraderie plus universelle. Leur intuition était la bonne. Les données que nous rassemblons ne font que le confirmer : l'inégalité engendre la division. »

Des enquêtes le prouvent, donc, épidémiologiques, sociologiques, anthropologiques, économiques même. Richard Wilkinson l'affirme, et avec lui Robert Waldinger, Dominique Bourg, Paul Ariès, Hervé Kempf, etc. Mais même sans eux on le ressent intimement, ce malaise de l'âme, ces relations blessées, à soigner, ces liens trop longtemps négligés, relégués derrière les biens.

Voilà notre boussole pour demain : « les liens plutôt que les biens ».

45.

Le progrès, le bonheur, et jusqu'au sens de l'existence : je balaie large, volontairement.

Car, en face, le pouvoir mène une offensive. Certes, ils se convertissent en série, d'un Premier ministre lobbyiste d'Areva qui fait sa « rentrée en vert » à un président qui n'en disait rien dans son programme et qui assure aujourd'hui avec des trémolos : « J'ai changé. » Mais en même temps qu'ils s'en saisissent, en même temps, ils vident l'écologie de sa dissidence, la rendent inoffensive, remplissent ce signifiant d'insignifiance. Ils en font un mot creux, une petite chose étriquée, défensive, des mesurettes technico-fiscalistes, mais sans toucher à l'ordre, à l'ordre social, à l'ordre économique. Et même, je préviens, je prédis, je le devine : ils en feront une camisole de plus pour l'ordre. C'est sous-entendu, déjà, parfois : « Vous revendiquez ? Vous osez ? Alors que la planète est à sauver ? Alors que nous devons affronter ce gigantesque danger ? » Ils feront passer, bientôt, l'exigence de justice pour un égoïsme. L'écologie se dégrade, dans leur bouche, en une nouvelle « escroquerie intellectuelle », une hypocrisie permettant de « reporter à plus tard toute volonté redistributive ». Et mieux, toujours mieux : au cri de « Tous ensemble », ils veulent nous faire embrasser nos tyrans…

Alors, il faut la porter grande, l'écologie, comme un souffle, comme une force qui bouscule tout, qui secoue tout, qui traverse tout, le travail, l'agriculture, l'industrie, la santé, la culture, le football, revus à cette lumière, l'économie éclipsée.

Ce matin, le train de 8 h 23 était bondé, à Longueau une vingtaine de personnes sont restées sur le quai, dont une personne handicapée, le fauteuil ne rentrait pas dans le wagon, trop plein, et plein de passagers ont voyagé debout. Eh bien, ces milliers de travailleurs, d'éboueurs, de comptables, d'informaticiens, qui chaque jour aller-retournent d'Amiens à Paris sur « l'une des pires lignes de France », d'après la SNCF elle-même, les toilettes bouchées, le contrôleur piteux : « J'ai envoyé une dame dans ces chiottes, sans eau, sans savon, j'avais honte » – eh bien, tout ça, oui, c'est de l'écologie.

Et l'arrivée en gare du Nord… J'apprends maintenant, par une tribune signée dans *Le Monde*, qu'en accord avec la SNCF Auchan va y installer 50 000 mètres carrés de commerces : « Le projet prévoit d'interdire l'accès direct aux quais tel qu'il se pratique aujourd'hui. Le voyageur devra d'abord monter à six mètres de hauteur dans le centre commercial, tout à l'est de la gare, puis accéder aux quais par des passerelles, des escaliers et des ascenseurs. » C'est de l'écologie, aussi, qui ne se mène pas que dans les futaies et les sous-bois, mais également au cœur de nos villes, colonisées. Dans nos esprits, colonisés. C'est notre environnement social, notre environnement mental qu'il nous faut défendre.

Auxiliaire de vie sociale dans le Vimeu, Annie vient de m'appeler : ce mois-ci, son association ne lui a pas versé de salaire. Si je peux joindre la préfecture… Durant une journée, on avait accompagné Annie, à l'aube, chez Mme Choquet, une petite mamie fragile de 93 ans. Après un « bonjour », l'AVS se muait en tornade : volets ouverts, draps aérés, seau nocturne vidé. Dans la salle de bains, elle se posait un peu pour la toilette, et durant ces gestes intimes elles échangeaient quelques paroles, des nouvelles des neveux, des petits-enfants. Avant que la course ne reprenne : un brin de vaisselle, un coup de torchon sur la table, contrôler le frigo pour les repas. « J'ai cinq personnes à voir, ce matin. Ma journée commence à 8 heures, et elle se termine le soir à 20 h 30. Avec plein, plein de coupures au milieu. » Tout ça pour le smic, à peine. Eh bien, que ces « métiers du lien », auxiliaires de vie sociale, assistantes maternelles, accompagnantes pour enfants en situation de handicap, aides-soi-gnantes, animatrices du périscolaire, agentes d'entretien… des femmes, très largement, deux millions de personnes qui s'occupent de ce que nous avons de plus précieux : nos bébés, nos enfants, les personnes âgées ou handicapées, et qui pourtant survivent sous le seuil de pauvreté, avec 700 ou 800 euros par mois… que ces « métiers du lien » soient ainsi mal-traités, c'est le symptôme d'une société qui méprise les liens, qui les détruit même. Qui ne valorise que les biens. Leur construire un statut et des revenus, à nouveau : c'est de l'écologie.

À l'instant, ma fille rentre de l'école avec son cac-tus, qu'elle a présenté à sa classe. Et je m'interroge : quelle mission pour l'éducation ? Après la défaite de 1870, Ernest Renan dressait ce constat : « L'infériorité de la France a été surtout intellectuelle. Ce qui nous a manqué, ce n'est pas le cœur, mais la tête. » Pour beaucoup, c'est l'instituteur prussien qui a rem-porté la guerre. D'où Jules Ferry et l'école obliga-toire, la mission, claire, confiée aux « hussards de la République » : former des citoyens, certes, mais patriotes, de bons soldats, avec le cœur et la tête. Et quelle mission, ensuite, au XXe siècle ? Élever le niveau de formation, amener des générations au brevet, au CAP, au BEP, au bac et au-delà pour des entreprises exigeant des « qualifications ». Mais aujourd'hui ? Quelle mission ? S'adapter à un « marché du travail » sans cesse mouvant, guère enthousiasmant, qui pour partie « déqualifie » ? Livrer de la main-d'œuvre sur mesure à Uber et Amazon ? Ce flou sur la mission participe, je crois, du malaise des enseignants. Eh bien, que tout soit revu pour former des habitants de la terre, qu'on apprenne à nos enfants à cultiver, à cuisiner, à manger, à calculer la consommation d'énergie, à connaître l'histoire de l'Anthropocène. Qu'on fasse des professeurs les moteurs de cette mutation.

Je vois l'écologie comme une alchimie, cette science occulte du Moyen Âge qui voulait transformer le plomb en or. C'est le plomb de l'angoisse, aujourd'hui, que nous devons muer en un or de l'espérance. Nous devons changer, c'est un impératif de survie. Alors, qu'on fasse de cette nécessité une vertu, qu'elle devienne notre chance : non pas seulement survivre, mais mieux vivre. Chercher le bonheur autrement, le progrès ailleurs, libérer le « désir d'autre chose », bref, rouvrir une espérance.

46.

« Où est passée l'espérance ? » À l'automne 2016, alors que j'endossais le costume de candidat aux élections législatives, j'ai rencontré Jean Birnbaum, auteur d'*Un silence religieux. La gauche face au djihadisme*.

FRANÇOIS RUFFIN : Je voudrais partir d'un truc tout bête : la sortie de l'iPhone 7. « Il arrive », j'ai entendu à la radio. Tous les médias en frémissent. C'est comme la descente du Saint-Esprit sur les apôtres au moment de la Pentecôte. C'est ça, je me suis dit, notre nouvelle espérance ?

JEAN BIRNBAUM : C'est l'horizon qui est vendu aux jeunes, en tout cas, dans les pubs, sur Internet, à longueur de télé. Mais si tu ne veux pas te laisser écraser par tout ça, étouffer par l'argent, les gadgets, la consommation, il faut autre chose.

« Autre chose », ça me rappelle une anecdote. Y avait un journal, révolutionnaire, dans les années 1990, qui s'appelait justement *Autre chose.* Les contributeurs devaient voter pour trouver le titre, y avait toute une série de noms, L'Avant-Garde, etc., et les gens cochaient tous la dernière case : « Autre chose », parce qu'aucun nom ne leur plaisait. Et donc, le plus de voix, c'était « Autre chose ». « Bah, pourquoi on ne choisirait pas *Autre chose* ? » ils ont conclu. Il me semble que c'était un super titre. Si tu n'arrives pas à imposer un autre horizon que l'argent, un « autre chose » …

F.R. : Et la gauche ne porte plus cette espérance…

JEAN BIRNBAUM : On pourrait citer, là, Régis Debray, et il sait de quoi il parle, lui qui a mené la guérilla en Amérique du Sud : « Le surmoi révolutionnaire, à gauche, s'est effondré. Ce qui l'a remplacé chez les exigeants, pour qui "tout ce qui n'est pas l'idéal est misère", c'est le surmoi religieux. Après la révolution sur terre, le paradis au ciel. Après Guevara, Ben Laden. Après Marx, Allah. »

F.R. : Dans ton livre, tu évoques les jeunes djihadistes, mais moi, je te parlerai de la Picardie. Ce que je ressens, chez les gens, c'est la résignation. Le sentiment qu'un couvercle s'est posé sur les cœurs, et que là aussi il manque une espérance…

Jean Birnbaum : Il y a une scène qui m'a beaucoup marqué, hyper belle, qu'on peut trouver sur Internet. On voit Michel Foucault dans une cuisine, je crois que c'est à Vézelay, et il est entouré de jeunes maos, et il dit : « Il faut reprendre la question des Lumières, la question de Kant : que nous est-il permis d'espérer ? » C'est le truc de base : comment mettre les hommes en mouvement, politique, militant, émotif, sans avoir à l'horizon comme une espérance ?

Et se pose tout de suite la question de l'« au-delà ». J'ai apporté ça, *L'Espoir maintenant*, un bouquin de 1980, une conversation de Sartre avec un ancien maoïste, Benny Lévy… Je suis désolé, c'est mon métier de citer des livres, donc je cite tout le temps des livres…

F.R. : Vas-y, et sans t'excuser. Je ne viens pas te voir pour que tu me racontes la fermeture de Goodyear. Pour ça, je me débrouille très bien tout seul…

JEAN BIRNBAUM : Alors, Sartre est vieux, son entourage a d'ailleurs un «détournement de vieillard» à propos de ce livre, parce que c'est un Sartre un peu paumé, très différent, qui part aux sources religieuses de l'espérance révolutionnaire, et il cherche un principe pour la gauche : l'espoir. On s'en fiche, nous dit-il, que cette fin soit atteinte, pourvu qu'elle soit visée, pourvu que l'espoir demeure, comme une tension vers un horizon. Et si nous n'avons plus ça, plus cette «fin», en fait on est des «sous-hommes». C'est le mot, violent, qu'emploie Sartre.

Alors, là, je te le fais en mode philosophe, mais ce matin j'écoutais un album de Lunatic, le duo que formaient Booba et son camarade Ali. Dedans, il y a ce morceau qui s'appelle *Le silence n'est pas un oubli*, où il dit : «On a l'au-delà pour nous maintenir.» C'est la même idée qui court de Sartre à Booba, cette idée longtemps évidente pour toutes les gauches : on ne peut pas se maintenir si l'on n'a pas un au-delà du monde tel qu'il est, hideux, injuste, avec ses guerres, ses inégalités, tout ça, un au-delà des misères du présent, comme dirait Péguy…

F.R. : Pour ceux à qui l'iPhone 7 ne suffit pas…

JEAN BIRNBAUM : Voilà, chez les « exigeants ».

C'est la critique du « veau d'or » dans sa version chrétienne, de l'argent qui, comme dit Bernanos, hier se cachait et avance maintenant « en haut-de-forme et en tête de cortège ». Ou alors, en version marxiste, le « fétichisme de la marchandise », une « aliénation ».

Sous les yeux des gens, les médias, les pubs, agitent des hochets sans intérêt qui ne donnent aucun sens à l'existence. Faut-il laisser les hommes se réduire à cela ? Une vie pleinement humaine exige plus que cela. Il y a là un fond commun, un front commun, presque spirituel, entre les communistes et les chrétiens. C'est Paul Ricœur, donc un philosophe protestant, qui disait : « Nous sommes responsables de maintenir un but lointain pour les hommes, appelons-le un idéal, enfin une espérance. »

F.R. : Des fois, dans le journal, il me vient des formules comme « semer les graines de l'espoir », « faire germer l'espérance », c'est pas très varié, et les copains se foutent de ma gueule, ils en ont même fait une affiche parodique, parce que « ça fait curé »…

JEAN BIRNBAUM : On va te proposer une « déradicalisation », un stage citoyen ! « Espoir », ouh là là, le mec il est chelou !

F.R. : Alors que, bon, c'est fait avec maladresse, je me sens plus à l'aise pour causer du « Crédit impôt recherche», mais c'est une question qui me taraude : comment ranimer les cœurs ?

JEAN BIRNBAUM : Cette réaction que tu me décris devant le mot «espérance», c'est tout de même le témoignage d'un assèchement, peut-être la victoire d'un certain cynisme.

Il y a un truc très sec, en ce moment, à gauche. Ça va de pair avec l'incapacité, ou le refus, de prendre en compte la dimension symbolique de l'existence. Alors que la gauche a, quand même, dans sa tradition, des trésors de spiritualité, au sens laïc, athée, de «spiritualité sans Dieu». Il y a plein de figures, Jean Jaurès, Rosa Luxemburg, les anarchistes, Gustav Landauer, Marx et Engels eux-mêmes, d'ailleurs, plein de figures qui se sont reconnues comme héritières d'une quête de justice auparavant incarnée par le Christ…

Cette mémoire, pour «ranimer les cœurs», comme tu dis, ou pour rallumer l'avenir, c'est vachement important.

Il y a tout ce passage de Walter Benjamin, ses derniers textes quand, juif, il fuit devant les nazis… Attends, je vais retrouver la page… Voilà : «Articuler historiquement le passé ne signifie pas le connaître "tel qu'il a été effectivement", mais bien plutôt devenir maître d'un souvenir tel qu'il brille à l'instant d'un péril. Le don d'attiser pour le passé l'étincelle de l'espérance n'échoit qu'à l'historiographe parfaitement convaincu que devant l'ennemi, s'il vainc, même les morts ne seront point en sécurité. Et cet ennemi n'a pas cessé de vaincre.»

C'est hyper fort.

Pour nous, le «péril» est là. Ça a un côté crépusculaire, mais aujourd'hui on peut se demander si la gauche va survivre. Alors, il est temps de faire briller nos souvenirs, d'«attiser pour le passé l'étincelle de l'espérance», de reconnaître la portée explosive de nos archives. Faute de quoi l'«ennemi» n'a pas fini de vaincre…

F.R. : C'est un paradoxe que je vois. La gauche se revendiquait du «matérialisme», du «matérialisme historique», mais est-ce que sa grande force n'était pas spirituelle? Est-ce que le communisme n'était pas, avant tout, un désir de communion?

Jean Birnbaum : Oui, à l'origine, c'était aussi un courant spirituel. Sa puissance d'entraînement naissait là, dans les cœurs, moins dans une doctrine abstraite, une grille d'analyse matérialiste des conditions objectives de production, que d'un enthousiasme commun, des rituels partagés, une exigence, un appétit pour un au-delà, fait d'égalité et de fraternité. Le vide d'aujourd'hui se fait d'autant plus sentir.

47.

Cet entretien, je vous en ai fait part, longuement, pour délivrer l'espérance en vous. Pour que vous n'ayez pas, je dirais, l'espérance coupable, l'«esprit honteux».

Moins que moi hier.

Depuis vingt ans, dans mon parcours de reporter dissident, je m'attache à l'économie, je m'accroche à des chiffres : les 9,3 % de la valeur ajoutée qui, en trente ans, ont glissé du travail vers le capital, un «hold-up tranquille»… le triplement de la part des dividendes versés aux actionnaires… les 500 premières fortunes de France qui ont multiplié par sept leur patrimoine, etc. Maintenir ces repères, c'est nécessaire. Comme des piquets, fermement plantés dans les cerveaux. Et, en même temps, à citer ces données, à me référer à ces statistiques, je taisais l'«autre chose», l'«au-delà» que je portais en moi. Pourquoi, il y a vingt ans, ai-je lancé *Fakir* ? Pas simplement pour une «meilleure répartition des richesses», je ne crois pas. Plus profondément : j'étais, je reste, en révolte contre mon temps, un «exigeant».

À la tribune de l'Assemblée, j'ai livré un «plaidoyer pour les poules, vaches, cochons». Des députés marcheurs m'ont alors lancé : « Et les hommes ? Et les salariés ? Et les ouvriers ? Vous y pensez, à eux ? » Comme si, soudainement, pour les animaux, je changeais de camp. Comme si, pour des poules, je trahissais les travailleurs. Mais au contraire. Au contraire. C'est un continuum.

Depuis le XIXe siècle, l'économie domine tout.

C'est la nature, d'abord, qu'elle maltraite, l'eau l'air la terre, le sol et le sous-sol, comme si les océans, les forêts étaient inépuisables, infiniment renouvelables, éternellement polluables, comme si les arbres la faune la flore n'étaient pas vivants, juste de la matière à profit, comptant peu dans l'équation des bénéfices.

Ce sont les animaux, ensuite, que cette économie maltraite, traite non plus en êtres animés, mais comme du « minerai », le terme dont use désormais l'agro-industrie.

Comment ne pas voir que, ensuite, ce sont les hommes qu'elle maltraite ? Les salariés ? Les ouvriers ? Qui deviennent à leur tour une matière à profit, qu'on prend et qu'on jette au gré des caprices de la finance, une finance qui jette les paysans du Sud hors de leurs terres et les travailleurs du Nord hors de leurs usines ?

La Nature.

Les animaux.

Les hommes.

C'est un continuum. C'est une même bataille contre un même Léviathan.

Je me révolte, au fond, contre l'économisme, qui écrase tout, qui réduit l'homme à une fonction, à de la « main-d'œuvre », à du « pouvoir d'achat », qui nie le plus précieux, son humanité, la tendresse, le doute, l'incertitude, ces choses qui ne rapportent rien, qui pourraient même gripper la machine. Mais étrangement, bizarrement, cette révolte contre l'économisme, je l'exprimais avec le langage de l'économisme : les chiffres, le PIB, les budgets. Sans doute pour être audible, paraître « crédible ». Sans doute par facilité, on reprend les codes du moment. Sans doute, également, parce que cette idéologie me domine moi aussi, on n'échappe jamais entièrement à son époque.

Et nous voilà comme des poupées Jivaro.

Homme réduit.

Révolte réduite.

Espérance réduite, voire non dite.

Ce réflexe d'économisme, je l'ai retrouvé dans des hôpitaux en lutte, des usines en grève, dans bien des mouvements. Dans les tracts qui me sont remis, toujours des millions et des milliards, des pourcentages, des revendications… Partout, les syndicalistes blâment le « manque de moyens ». Derrière ces discours, j'entends un au-delà, ou un en deçà, qui se murmure, qui s'esquisse. Encore plus que les moyens, quelle est la « fin » ? Le pire, peut-être, c'est le « manque de fin », le manque de sens. Quelle reconnaissance ? Quelle est notre place dans ce système ?

Même, ou surtout, chez les Gilets jaunes. Certes, il y avait la taxe gasoil, la TVA à 0 %, l'impôt de solidarité sur la fortune, les milliards du CICE, certes, il y a la peine à vivre, à payer son mazout, ses factures… Certes. Mais à chaque rond-point traversé, chez tous ces hommes et ces femmes, j'ai toujours ressenti une autre quête, souterraine. Une quête, allons-y, métaphysique. Que faisons-nous ensemble ? Ce sont les «exigeants», encore, qui l'hiver dernier se sont rebellés. Ceux qui, confusément, espèrent un au-delà de l'iPhone 7…

48.

J'assume, désormais.
J'assume l'au-delà.
Quel est ma mission aujourd'hui ? Disons-le : mon rôle est spirituel.
Je vais partout répétant : «Mon adversaire, c'est la finance, mais c'est surtout l'indifférence.» Et même, parodiant Jean-Paul II : «N'ayons plus peur.» Je m'efforce de ranimer les cœurs, sans pouvoir budgétaire ni ministère. Seulement le verbe. «Au commencement était le verbe», et au commencement de notre combat contre la résignation, également, il y a le verbe. Je m'efforce à cela : avoir une parole libérée et qui libère. Quand ai-je gagné, sinon la guerre, du moins une bataille ? Quand une dame, comme ce matin, me glisse : «Ça nous fait du bien, comme un bol d'air. Vous nous faites respirer.»

J'insiste.

Parce que dans un autre registre, moins économique, plus écologique, vous êtes gagnés par la même maladie : vous citez des chiffres, vous aussi. Les rapports du GIEC, les 1,5 °C, 2 °C, 3 °C, les 37 milliards de tonnes de CO_2 émises, les 60 % d'animaux sauvages disparus, etc. Et voilà qui, malgré votre jeunesse, assoit un propos, assure un sérieux.

Soit.

Mais vous n'êtes pas les comptables d'un monde qui meurt. Vous êtes les prophètes d'un monde qui vient.

Ne laissez pas l'écologie aux « moyens » et aux « techniciens ». N'abandonnez pas la « fin », le sens, le bonheur. Délivrez l'espérance en vous pour délivrer l'espérance alentour, à tous ces hommes, à toutes ces femmes, en rouge, en jaune, en vert, qui crèvent de ne plus espérer.

ESSAYER QUELQUE CHOSE

49.

« S'unir, plus que jamais s'unir, pour donner à la
France d'autres espoirs».

C'est Ambroise Croizat qui lance ça, dans les
années 1930. Et je voudrais finir avec cette page
d'histoire, ma préférée, le Front populaire, pour un
dernier aller-retour entre passé et présent, entre
mouvements ouvrier et écologique.

« S'unir », donc, souhaite Croizat. Car, jusque-là,
les partis marxistes vont aux urnes, et à la défaite,
en ordre dispersé. Même le coup d'État, avorté, du 6
février 1934 ne suffit pas : contre le fascisme, les cor-
tèges syndicaux marchent séparés, la CGT d'un côté,
la CGTU de l'autre, socialistes et communistes en
frères ennemis. Mais la base va bouger. Le 12 février,
c'est un lundi de grève générale à Paris, une foule
immense envahit la place de la Nation au cri de :

«Unité! Unité!» Partout en France, dans toutes les
grandes villes, la jonction s'opère, avec non seulement le même appel, «Unité! Unité!», mais le même
réflexe de survie.

Il faudra, certes, un voyage de Maurice Thorez à
Moscou, qu'il aille quémander les ordres de Staline.
À son retour, chapitré par le Kremlin, le voilà qui
prône «l'action commune immédiate». Une union
de la gauche. Et même du centre-gauche: Thorez
prône «l'alliance des classes moyennes avec la classe
ouvrière», en appelle au Parti radical. Qui refuse
d'abord. Là encore, chez les radicaux, c'est la base
qui va réclamer l'unité. Et qui permet, donc, la naissance du Front populaire.

Derrière un slogan ramasse-tout, «Pain, paix,
liberté», le programme est modeste, sinon creux.
Le 3 mai 1936, la victoire est large: 57 % des suffrages, 386 députés – sur 608. C'est un basculement
à gauche. C'est, surtout, un basculement au sein de
la gauche: avec 1 500 000 voix, le PCF double son
score et apparaît comme le grand vainqueur. Pour la
première fois, les socialistes devancent les radicaux,
avec 146 députés contre 110. Et c'est à Léon Blum
qu'il revient de diriger le gouvernement.

Avant même qu'il ne soit nommé, sitôt après les
élections, des grèves éclatent, au Havre d'abord, dans
l'aviation, à Toulouse, à Courbevoie… «On n'a pas
eu la force d'attendre, écrit la philosophe Simone
Weil, alors métallo chez Renault. Tous ceux qui ont

souffert savent que lorsqu'on croit qu'on va être déli-
vré d'une souffrance trop longue et trop dure, les
derniers jours d'attente sont intolérables. Il s'agit,
après avoir toujours plié, tout subi, tout encaissé en
silence pendant des mois et des années, d'oser enfin
se redresser. Se tenir debout. Prendre la parole à son
tour. Se sentir des hommes, pendant quelques jours.
Indépendamment des revendications, cette grève
est en elle-même une joie. Une joie pure. Une joie
sans mélange. [...] Bien sûr, cette vie si dure recom-
mencera dans quelques jours. Mais on n'y pense
pas, on est comme les soldats en permission pendant la guerre. Et puis, quoi qu'il puisse arriver par
la suite, on aura toujours eu ça. Enfin, pour la première fois, et pour toujours, il flottera autour de ces
lourdes machines d'autres souvenirs que le silence,
la contrainte, la soumission. Des souvenirs qui met-
tront un peu de fierté au cœur, qui laisseront un peu
de chaleur humaine sur tout ce métal. Mais le meilleur de tout, c'est de se sentir tellement des frères... »

Ce récit est connu. Ce qui l'est moins : j'ai lu *Les
40 jours de Blum*, les quarante jours entre sa victoire et son entrée à Matignon. De ce formidable
mouvement social qui naît, qui s'étend, il ne voit
rien. Lui rencontre des ambassadeurs, des États-
Unis, d'Angleterre, et dans une France cernée par les
régimes fascistes, en Allemagne, en Italie, désormais
menaçant l'Espagne, on comprend que les affaires
internationales l'accaparent. Mais, tout de même,

n'entend-il pas la rumeur des usines occupées, des bals improvisés? À peine une note, en passant, dans un carnet. Il faut que le pays soit bloqué, un peuple qui gronde d'espérance, pour que, enfin, enfin, il ouvre les yeux, les oreilles. J'en tire une leçon: le pouvoir isole. Le pouvoir construit comme un mur, un mur épais, un mur fortifié entre lui et la vie…

Blum entre à Matignon, enfin, début juin, bien conscient du remue-ménage. En quinze jours à peine, les quarante heures sont accordées. Les congés payés passent à l'Assemblée, approuvés par 563 voix contre une! À la quasi-unanimité, les députés votent «les vacances pour tous». Même la droite! Cette conquête, les ouvriers n'osaient qu'à peine l'imaginer un mois plus tôt. Le patronat la combattait sourdement, et sans mal, depuis une décennie. La gauche ne l'avait pas inscrite à son programme… et voilà que même la droite l'accepte! Lorsque le peuple déborde comme un torrent, quelle rive lui résiste?

50.

Alors, j'ai fait un rêve.

J'ai fait un rêve que je vous livre: celui d'un Front populaire écologique. «S'unir, plus que jamais s'unir, pour donner à la France d'autres espoirs», et nous aussi il nous faut donner d'autres espoirs, d'autres espoirs que l'extrême droite et l'extrême argent, le duel éternel, le duel joué et rejoué depuis trente ans.

La politique vous dégoûte un peu, je devine, cette quête du pouvoir, ses luttes pour des places. Je comprends, avec un *Fakir* qui affiche comme devise à sa «une»: «Ce journal n'est lié à aucun parti, aucun syndicat, aucune institution. Il est fâché avec tout le monde, ou presque.» Mais que faire sans un gouvernement? Sans un gouvernement allié, à défaut d'être ami?

Comme hier Croizat, il va falloir le gueuler fort, avec nos amis, «Unité! Unité!», tanner les partis, enguirlander les chefs, taire les querelles, rassembler les chapelles, allier la classe moyenne aux populaires… Que cesse la bataille des nains pour qu'on puisse bousculer les géants.

Le programme, on peut le vouloir moins creux, plus ambitieux, s'appuyer sur ceux déjà écrits, même si je me méfie: on en a rédigé tant, des jolis programmes à gauche, dans notre histoire. On a si souvent pris les mots pour les choses, les 110 propositions d'Untel, les 60 engagements de Machin, autant de promesses, vite fanées, qui se muent en déceptions.

Bref, il nous faut gagner dans les urnes.

Et aussitôt après, la rue, la rue, la rue. Sinon, quoi? Sinon, rien. Sinon, il ne se passera rien. Que pourrait faire le gars, ou la fille, envoyé à l'Élysée, même sincère, même dévoué au progrès, au vrai progrès, au bonheur, au vrai bonheur? Même combatif? Même pleinement pour la justice fiscale, «que les gros paient gros et que les petits paient petit»? Même démocrate, favorable au référendum d'initiative citoyenne, révocatoire, législatif, abrogatoire, constitutionnel? Même vert à fond? Que pourrait-il, seul, là-haut, seul face à la Commission européenne, seul face à la Banque centrale, seul face au Medef, seul face aux agences de notation, seul face aux journaux d'Arnault, face aux télés de Drahi, face aux radios de Lagardère, face à ces mille bouches qui, de partout, chaque matin, répéteront: «Vous êtes fous!», «Voilà les khmers verts!», «Vous menez le pays à la faillite!» Que pourra-t-il s'il n'est pas poussé, tout à la fois bousculé et encouragé? S'il n'est pas porté par une nation, comme un bélier, pour faire sauter les verrous et les tabous? Il ne pourra rien, ou si peu. Il ne fera rien, ou si peu. Et ce ne sera pas de sa faute, mais de la nôtre.

Mais que le peuple déborde, avec vos marches de jeunes, avec les Gilets jaunes sur les ronds-points, avec les transports en grève, et en quinze jours, à peine, ils voteront la fin du plastique à usage unique, le transit obligatoire par rail pour les marchandises, le zéro viande importée, l'interdiction de la publicité dans les pissotières, dans les gares, partout, et à la quasi-unanimité. Et, au-delà de ces mesures, un au-delà, un horizon qui s'ouvre, un cap qui se dessine, un changement de boussole. L'espérance qui revient.

J'ai fait ce rêve, donc.

Est-ce que j'y crois, à ce Front populaire écologique ? Je l'ignore.

«Il faut essayer quelque chose, enjoignait le président Roosevelt. Le peuple ne nous en voudra pas d'avoir échoué, mais il nous en voudra de ne pas avoir essayé.»

51.

À la fin de *Soudain dans la forêt profonde*, Matti découvre finalement un poisson dans le ruisseau, un vrai poisson, pas une illustration des manuels : «Un éclair fulgura entre la végétation et les parois rocheuses. On aurait dit le reflet d'un couteau qui s'enfonçait dans l'eau, un frétillement d'écailles comme du vif-argent. Un poisson…»

Il en reste bouche bée.

Stupéfait.

Dans le Lison, le Doubs ou la Somme, dans les rivières du Jura ou de la Picardie, un poisson apparaîtra-t-il bientôt, comme un miracle ? Comme un mystère ? Comme une exception ?

Pour vos enfants, et pour les enfants de mes enfants, il nous faut essayer quelque chose.

La Pommeraye, août 2019.

Dettes bibliographiques

Jean Birnbaum, *Un silence religieux : la gauche face au djiha-disme*, Seuil, 2016.

Christophe Bonneuil et Jean-Baptiste Fressoz, *L'Événement anthropocène*, Seuil, 2013.

Dominique Bourg, *Une nouvelle Terre*, Desclée de Brouwer, 2018.

Lucas Chancel, *Insoutenables inégalités. Pour une justice sociale et environnementale*, Les Petits Matins, 2017.

Michel Étiévent, *Ambroise Croizat ou l'invention sociale*, GAP, 1999.

Hervé Kempf, *Comment les riches détruisent la planète*, Seuil, 2007.

Laurent Mauduit, *La Caste. Enquête sur cette haute fonction publique qui a pris le pouvoir*, La Découverte, 2018.

Pablo Servigne et Raphaël Stevens, *Comment tout peut s'effon-drer*, Seuil, 2015.

Pablo Servigne et Gauthier Chapelle, *L'Entraide. L'autre loi de la jungle*, Les Liens qui Libèrent, 2017.

Victoire Sessego et Pascale Hébel, « Consommation durable : l'engagement de façade des classes supérieures », Credoc, mars 2019.

Anne Steiner, *Le Temps des révoltes. Une histoire en cartes postales des luttes sociales à la Belle Époque*, Éditions L'Échappée, 2015.

Richard Wilkinson et Kate Pickett, *Pourquoi l'égalité est meilleure pour tous*, Les Petits Matins, 2013.

Remerciements

Tout est œuvre collective.

Un ouvrage ne peut exister sans, derrière l'auteur, le travail de toute une équipe. Et dans mon cas, le travail d'une équipe largement bénévole.

J'en profite donc pour remercier : mes attachés parlementaires, les salariés de *Fakir*, les préfets fakiriens, mes parents qui s'occupent de mes enfants, voire de ma maison, les petites mains qui, dans l'ombre, transcrivent des vidéos, envoient de la documentation, font des tas de trucs que je ne pige pas sur Facebook et Internet, les animateurs de Picardie debout !, mes collègues parlementaires de la France insoumise et même des collègues, Sébastien, Dominique, Marie, d'autres partis, les collaborateurs du groupe, et la reine du toboggan aquatique, qui a relu ce manuscrit avec clémence. Toutes mes excuses à Denis Robert, auprès de qui je m'étais engagé pour un autre projet littéraire.

Enfin et surtout, je remercie mes concitoyens de la première circonscription de la Somme : ils comprendront, je l'espère, que la rédaction de ce livre participe de ma mission, de mon rôle d'animateur démocratique.

Table

DU MÊME AUTEUR

Les Petits Soldats du journalisme, Les Arènes, 2003 (Pluriel, 2018)

Quartier Nord, Fayard, 2006

La Guerre des classes, Fayard, 2008

Leur grande trouille : journal intime de mes «pulsions protectionnistes», Les liens qui libèrent, 2011

Vive la banqueroute !, avec Thomas Morel, éditions Fakir, 2013

Hector est mort, éditions Fakir, 2013

«Ils nous ont dit : Vous êtes fous !», entretiens avec Maurice Kriegel-Valrimont, éditions Fakir, 2013

Comment ils nous ont volé le football, avec Antoine Dumini, éditions Fakir, 2014

Faut-il faire sauter Bruxelles ?, éditions Fakir, 2014

«Pauvres actionnaires !», éditions Fakir, 2014

«L'égalité c'est la santé» (et l'amour aussi…), avec Richard Wilkinson, éditions Fakir, 2015

Contre les gourous de la croissance avec Jean Gadrey, éditions Fakir, 2015

Un député à… l'hôpital psychiatrique, éditions Fakir, 2017

Un député à… la ferme, éditions Fakir, 2018

Un député et son collab' chez Big Pharma, avec Cyril Pocréaux, éditions Fakir, 2018

Paix intérieure et paix sociale, entretiens avec Mgr Olivier Leborgne, éditions Temps Présent, 2018

Ce Pays que tu ne connais pas, Les Arènes, 2019.

Si vous souhaitez être tenu informé des parutions
et de l'actualité des éditions Les Liens qui Libèrent,
visitez notre site :
www.editionslesliensquiliberent.fr

Photo de couverture © DR

Composition : In folio

Achevé d'imprimer en septembre 2020
par Normandie Roto Impression s.a.s. à Lonrai

Dépôt légal : octobre 2020
N° impr : 2003114
Imprimé en France